Derecho internacional contemporáneo

SERIE
Las ciencias sociales
TERCERA DÉCADA

Derecho internacional contemporáneo

Jesús Armando López Velarde Campa

UNIVERSIDAD AUTÓNOMA DE AGUASCALIENTES

MAPorrúa
librero-editor • México

MÉXICO 2015

Esta investigación, arbitrada por pares académicos, se privilegia con el aval de la institución coeditora.

341
L864d

López Velarde Campa, Jesús Armando

Derecho internacional contemporáneo / Jesús Armando López Velarde Campa -- 1ª ed. -- Aguascalientes, Ags. : Universidad Autónoma de Aguascalientes ; México, D.F. : Miguel Ángel Porrúa, 2015
169 p. ; 17 X 23 cm. -- (Serie Las Ciencias Sociales. Tercera Década)
Incluye bibliografía: p. 161-[170]

ISBN 978-607-401-973-5

1. Derecho internacional. 2. Derecho consular. 3. Derechos humanos

Primera edición, agosto del año 2015

IMPRESO EN MÉXICO PRINTED IN MEXICO

LIBRO IMPRESO SOBRE PAPEL DE FABRICACIÓN ECOLÓGICA CON BULK A 80 GRAMOS
www.maporrua.com.mx
Amargura 4, San Ángel, Álvaro Obregón, 01000 México, D.F.

Prólogo

El Derecho Internacional de nuestros días es al mismo tiempo tradicional y moderno por cuanto fusiona los fundamentos clásicos que le dieron origen con la evolución actual del Derecho de Gentes. Sin perder su basamento westfaliano, este sistema jurídico se ha desarrollado conforme al signo de nuestros tiempos, incorporando los grandes cambios políticos, económicos y tecnológicos de la humanidad. Así ha transitado de un *Ius Gentium* europeo a un Derecho Internacional Universal en el que cerca de 200 Estados, más un número importante de otros nuevos sujetos, componen la llamada sociedad internacional. Todavía a principios del siglo pasado, la doctrina, y aun la legislación internacional descalificaban a ciertas naciones con el calificativo de bárbaras o no civilizadas. Acontecimientos como las dos guerras mundiales modificaron sustancialmente la geopolítica y el sistema de poder a escala planetaria y de ello resultaron importantes cambios en el orden jurídico internacional. Éste dejó de tener un sesgo colonialista y occidental, para convertirse en un Derecho Internacional incluyente en el que prevalecería la igualdad jurídica de los Estados, así como la organización internacional. La caída del Muro de Berlín y la disolución del bloque del Este trajeron el fin de la Guerra Fría, dando lugar a una recomposición del sistema mundial en el que nuevas amenazas a la seguridad internacional se sumaron a los que habían trascendido desde la etapa anterior. Así, esta Post Guerra Fría ha enfrentado desde cuestiones estructurales como la disolución de Estados, hasta calamidades globales como el terrorismo y el cambio climático. El genocidio y los graves crímenes internacionales se creían irrepetibles y sin embargo, hacia la década de los noventa, resurgieron violentamente en los Balcanes y en la zona de los grandes Lagos Africanos. Ahora nos encontramos con el llamado Estado islámico, constituido sobre territorios arrebatados a Irak y Siria por un *jihadismo* criminal, tras el desastre propiciado por la invasión al primero de ellos por Estados Unidos y el caos de la guerra civil del segundo.

Como podemos ver al tenor de las líneas precedentes, los desafíos actuales de nuestra disciplina son enormes y el ordenamiento jurídico Internacional se traduce en lo que coincidentemente denominamos Derecho Internacional Contemporáneo, título elegido por el doctor Jesús Armando López Velarde Campa para su libro. El desarrollo de una obra de esta naturaleza demanda no sólo rigor metodológico y precisión terminológica sino también agudeza y criterio analítico, cualidades todas ellas presentes en el libro del doctor Jesús Armando López Campa; a través de cuyas páginas presenta una visión de las relaciones jurídicas internacionales partiendo de sus postulados teórico-conceptuales y cubriendo aquellos ejes temáticos indispensables en una obra ágil y documentada. Asimismo, es destacable cómo el autor nos conduce a través de los 11 capítulos que componen su obra, de forma sencilla mas no por ello superficial. Su larga experiencia como docente e investigador en la materia se ve reflejada en el manejo analítico de las instituciones del Derecho Internacional, toda vez que la presentación de las mismas se da bajo un esquema didáctico, sin perder su valía pragmática. Los tiempos que corren no son ya de grandes tratadistas sino de autores modernos acordes con la realidad de nuestro día a día, tal como sucede con el doctor Jesús Armando López Campa. Este Derecho Internacional Contemporáneo en comento constituye una importante aportación a la literatura jurídica y de relaciones internacionales en nuestro país y deviene en una obra de consulta obligada para todos aquellos que desde una perspectiva académica y/o profesional se vinculen al Derecho Internacional.

JUAN MANUEL PORTILLA GÓMEZ

Abreviaturas

ACNUR	Alto Comisionado de las Naciones Unidas para los Refugiados
ADI	Academia de Derecho Internacional
AG	Asamblea General
AI	Acuerdos interinstitucionales
AIE	Agencia Internacional de Energía
APEC	Foro de Cooperación Económica Asia-Pacífico
APF	Administración Pública Federal
ARCO	Acceder, rectificar, cancelar u oponerse
Arpel	Asociación Regional de Empresas del Sector Petróleo, Gas y Biocombustibles en Latinoamérica y el Caribe
CAC	Convención sobre Agentes Consulares (1928)
CADH	Convención Americana de Derechos Humanos (1969)
CAF	Consejo de Administración Fiduciaria
CCDI	Conferencia para la Codificación del Derecho Internacional
CDB	Convención sobre Diversidad Biológica (1993)
CDDE	Convención sobre Derechos y Deberes de los Estados (1933)
CDI	Comisión de Derecho Internacional
CG	Convenciones de Ginebra (1949)
CJI	Comité Jurídico Interamericano
CI	Costumbre Internacional
CIA	Agencia Central de Inteligencia
CIADI	Centro Internacional de Arreglo de Diferencias Relativas a Inversiones
CICR	Comité Internacional de la Cruz Roja
CIDH	Comisión Interamericana de Derechos Humanos
CIDI	Consejo Interamericano para el Desarrollo Integral
CIJ	Corte Internacional de Justicia
CITES	Convención sobre el Comercio Internacional de Especies Amenazadas de Fauna y Flora Silvestres (1973)
CMS	Convención sobre la Conservación de las Especies Migratorias de Animales Silvestres (1979)

CNUDMI	Comisión de Naciones Unidas para el Desarrollo Mercantil Internacional
Copppal	Conferencia Permanente de Partidos Políticos de América Latina y el Caribe
Corte IDH	Corte Interamericana de Derechos Humanos
CP	Consejo Permanente
CPA	Corte Permanente de Arbitraje
CPEUM	Constitución Política de los Estados Unidos Mexicanos (1917)
CPI	Corte Penal Internacional
CPJI	Corte Permanente de Justicia Internacional
CPSDG	Convención para la Prevención y la Sanción del Delito de Genocidio (1951)
CS	Consejo de Seguridad
CVDT	Convención de Viena sobre el Derecho de los Tratados (1969)
CVSRC	Convención de Viena sobre Relaciones Consulares (1963)
CVSRD	Convención de Viena sobre Relaciones Diplomáticas (1961)
CVSE	Convención de Viena sobre la Sucesión de Estados en materia de bienes, archivos y deudas de Estado (1983)
DADDH	Declaración Americana de los Derechos y Deberes del Hombre (1948)
DC	Derecho Consular
DECT	Dirección Ejecutiva del Comité contra el Terrorismo
DF	Distrito Federal
DH	Derechos Humanos
DI	Derecho Internacional
DIDH	Derecho Internacional de los Derechos Humanos
DIH	Derecho Internacional Humanitario
DIP	Derecho Internacional Público
DIU	Derecho Internacional Universal
DOF	Diario Oficial de la Federación
DPE	Defensor del Pueblo Europeo
DUBA	Declaración Universal sobre Bienestar Animal
DUDH	Declaración Universal de los Derechos Humanos (1948)
Ecosoc	Consejo Económico y Social
EPU	Examen Periódico Universal
ETA	Euskadi Ta Askatasuna
EUA	Estados Unidos de América
EUM	Estados Unidos Mexicanos
FMI	Fondo Monetario Internacional
Fupad	Fundación Panamericana para el Desarrollo
Gafi	Grupo de Acción Financiera
GATT	Acuerdo General sobre Aranceles Aduaneros y Comercio (1947)
IDI	Instituto de Derecho Internacional
IED	Inversión Extranjera Directa

IFAI	Instituto Federal de Acceso a la Información y Protección de Datos
IIJ	Instituto de Investigaciones Jurídicas
Incoterms	Términos del Comercio Internacional
Interpol	Organización Internacional de Policía Criminal
IRA	Ejército Republicano Irlandés
LCT	Ley sobre la Celebración de Tratados (1992)
LGBTTTI	Movimiento Lésbico, Gay, Bisexual, Transexual, Travesti, Transgénero e Intersexual
Mercosur	Mercado Común del Sur
MLN	Movimientos de Liberación Nacional
NI	Normas internacionales
NOM	Norma Oficial Mexicana
OCDE	Organización para la Cooperación y el Desarrollo Económicos
OEA	Organización de Estados Americanos
OI	Organismos internacionales
OIEA	Organismo Internacional de Energía Atómica
OIT	Organización Internacional del Trabajo
Olade	Organización Latinoamericana de Energía
OLP	Organización para la Liberación Palestina
OMC	Organización Mundial del Comercio
OMP	Operación de Mantenimiento de la Paz
OMS	Organización Mundial de la Salud
ONG	Organizaciones no gubernamentales
ONU	Organización de las Naciones Unidas
ONU-Hábitat	Programa de Naciones Unidas para los Asentamientos Humanos
OPAEP	Organización de Países Árabes Exportadores de Petróleo
OPEP	Organización de Países Exportadores de Petróleo
PIDCP	Pacto Internacional de Derechos Civiles y Políticos (1976)
PIDESC	Pacto Internacional de Derechos Económicos, Sociales y Culturales (1976)
PMA	Programa Mundial de Alimentos
PNUD	Programa de Naciones Unidas para el Desarrollo
PNUMA	Programa de Naciones Unidas para el Medio Ambiente
RAE	Real Academia Española
RE	Relaciones Exteriores
SCJN	Suprema Corte de Justicia de la Nación
SDN	Sociedad de Naciones
SEM	Servicio Exterior Mexicano
SG	Secretaría General
SIPDH	Sistema Interamericano de Protección de los Derechos Humanos
SOS	Señal de socorro
SRE	Secretaría de Relaciones Exteriores
SUPDH	Sistema Universal de Protección de los Derechos Humanos

TASP	Tratado Americano de Soluciones Pacíficas (1948)
TIAR	Tratado Interamericano de Asistencia Recíproca (1947)
TIC	Tecnologías de Información y Comunicación
TJE	Tribunal de Justicia Europeo
TLCAN	Tratado de Libre Comercio de América del Norte (1994)
UE	Unión Europea
UIT	Unión Internacional de Telecomunicaciones
UNAM	Universidad Nacional Autónoma de México
UNESCO	Organización de las Naciones Unidas para la Educación, la Ciencia y la Cultura
UNFPA	Fondo de Población de Naciones Unidas
UNICEF	Fondo de Naciones Unidas para la Infancia
VIH	Virus de Inmunodeficiencia Humana
YABT	Young Americas Business Trust

Introducción

Al final de la Segunda Guerra observamos un creciente dinamismo de las relaciones internacionales y el nacimiento de nuevos sujetos que interactúan dentro de la comunidad mundial y, por otra parte, el proceso de globalización que ha impactado de diferente manera la vida de los seres humanos y de los Estados, a nivel bilateral como regional, modificando en consecuencia las normas que regulan sus actividades.

El derecho internacional ha tenido que hacer frente a estos retos a través de la codificación y desarrollo, así como de nuevos soportes doctrinarios, muchos de los cuales, con base en las sentencias de órganos jurisdiccionales internacionales, lo han enriquecido y dado vigor, pero sin dejar de lado sus fundamentos clásicos.

En este sentido, el presente libro intitulado *Derecho internacional contemporáneo* abarca tanto enfoques tradicionales como avances novedosos, todo ello desarrollado en 11 capítulos.

En los capítulos primero y segundo se atienden conceptos básicos de la teoría general de derecho internacional y su ubicación dentro del sistema jurídico estatal, teorías que se refieren al modo en que interactúan tanto el derecho internacional como los nacionales; fuentes del Derecho Internacional Público contenidas en el artículo 38 del Estatuto de la Corte Internacional de Justicia (CIJ), así como otras que no se encuentran en este listado, pero a las que no podemos negar tal carácter, dedicándole especial interés a los tratados como fuente primordial de la materia, que estudiaremos de manera separada en el capítulo tercero.

Los sujetos de derecho internacional se analizan en el capítulo cuarto, pasando lista al Estado y a los organismos internacionales (OI), además de otros sujetos entre los que podemos mencionar: empresas transnacionales, las organizaciones no gubernamentales (ONG) e individuos. Al Estado se le dedica el capítulo quinto, en el que nos referimos a las nociones de reconocimiento de Estado y de gobierno, así como a doctrinas, formas, nacimiento y sucesiones.

En el capítulo sexto abordamos el tema de la responsabilidad de los Estados y las OI por hechos ilícitos y su reparación; en el séptimo analizamos el derecho diplomático y consular, destacando la importancia de la protección que brindan las embajadas, consulados y los Estados como medida de apoyo a sus nacionales.

Asimismo, no podíamos dejar de mencionar a la Organización de las Naciones Unidas (ONU), la cual, a siete décadas de su nacimiento, nadie duda de la necesidad de realizar reformas de fondo a sus estructuras, pero de igual manera ninguno pone en tela de juicio sus grandes aportaciones en materia de paz y seguridad internacionales, desarrollo sustentable, medio ambiente, empoderamiento de la mujer, derechos humanos (DH) y pueblos indígenas, sólo por mencionar algunos rubros. En el capítulo octavo nos referimos también a la Organización de Estados Americanos (OEA), marco de referencia regional, señalando órganos, aportaciones y avances, como el sistema de protección de DH.

Conociendo las tensiones regionales que vive el mundo, derivado de conflictos internos e internacionales (Siria, Palestina, Israel, Ucrania, entre otros), resulta imprescindible el análisis de la prohibición del uso de la fuerza y el Derecho Internacional Humanitario (DIH) aplicable, cuya finalidad es humanizar las contiendas, temas de actualidad analizados en el capítulo noveno.

En el capítulo décimo se aborda la agenda mundial, nuevas ramas del DIP: derecho mercantil y globalización, derecho internacional de la energía o medio ambiente, y otras a las que debe enfrentarse la humanidad, como terrorismo global, crimen organizado y nuevos sujetos internacionales.

En el último capítulo, hacemos mención al sistema universal y a la reforma constitucional mexicana del 10 de junio de 2011, que obliga a las autoridades estatales —llámese ejecutivo, legislativo o judicial y todos los órdenes de actuación—, a promover, respetar, proteger y garantizar la aplicación de las normas de DH consagradas en los tratados y en nuestra legislación, comenzando por la Constitución.

Asimismo, se aborda la protección de datos personales y derechos de otros seres vivos como los animales. La bibliografía incluye textos considerados clásicos, y otros recientes. Además de nutrida compilación de instrumentos internacionales, sin desdeñar las nuevas tecnologías de información y comunicación (TIC), reconociendo sus ventajas; también incorporamos variedad de páginas web con información actual y relevante.

Así pues, este libro busca ser un estudio útil para académicos y expertos: estudiantes de las carreras de derecho, ciencias políticas o relaciones internacionales y público en general.

[*Primavera de 2015, Ciudad Universitaria, México, D.F.*]

Capítulo primero

Teoría general de Derecho Internacional

Definición

Del mismo modo que existen normas jurídicas rigiendo relaciones entre seres humanos, hay las que regulan las relaciones entre Estados y otros sujetos internacionales integradas por: costumbres, tratados, principios generales de derecho, doctrinas y decisiones judiciales; reglamentando tan diversas materias, como rico es el mosaico de la actividad internacional. A este marco se le ha definido como "la totalidad de las reglas sobre las relaciones [soberanas] de los Estados, organismos internacionales (OI) y otros sujetos de derecho internacional (DI) entre sí, incluyendo los derechos y deberes de los individuos relevantes para la comunidad estatal [o parte de ésta]".[1]

Para nosotros el Derecho Internacional Público (DIP) incluye todas las normas que han nacido del consentimiento expreso o tácito de los Estados y otros sujetos, entre ellos las OI, los beligerantes, la Santa Sede, así como transnacionales e individuos. Se trata de una sistematización de reglas propias de un orden cuya esencia es la obligatoriedad con que compele a sus sujetos y que tiende hacia la uniformidad, la integridad y la universalidad de su regulación.

Es un derecho en constante desarrollo que ha adquirido "características tan peculiares, que no pueden explicarse como un proceso de evolución, sino como una auténtica transformación respecto al derecho internacional clásico",[2] modificando las funciones tradicionalmente asignadas a éste en por lo menos tres sentidos: aparición de normas de carácter impositivo; ruptura de la relación Estado-Estado; y mecanismos de control de aplicación de las normas internacionales.[3]

[1] Mathias Herdegen, *Derecho internacional público*, México, IIJ, 2005, p. 3.

[2] Norka López Zamarripa, *Derecho internacional público*, México, Facultad de Derecho-Porrúa, 2014, p. 57.

[3] *Ibidem*, p. 58.

Estas funciones son derivadas de las crecientes necesidades y exigencia de la vida internacional, las cuales generan un derecho progresivamente independiente e incorporan lo que hasta ahora se encontraba en la esfera exclusiva de los Estados: derechos humanos (DH), democratización, desarrollo, medio ambiente, etcétera.[4] Por lo tanto, ahora resulta inaceptable la violación de los DH de las minorías —como los pueblos indígenas— dentro del ámbito de los Estados. De tal forma, no podemos olvidar que este derecho parte de hechos sociológicos (relaciones políticas, económicas, sociales, culturales, etcétera) y de supuestos como evitar conflictos internacionales, crímenes que se cometen y todos aquellos problemas que inciden en la sociedad internacional actual.[5]

Características

El derecho internacional contemporáneo tiene como características ser:

- Institucionalizado: ya que con la creación de las Naciones Unidas y la proliferación de las OI de carácter universal y regional, generales o especializadas, las cuales se encargaron de codificar y desarrollar al DIP existente, y al mismo tiempo constituyeron órganos creadores de normas, han limitado el poder de los Estados, siendo un medio efectivo para lograr su cooperación.[6]
- Social: mediante las normas jurídicas se impulsa el mejoramiento de la situación económica, social y cultural de grupos minoritarios y el respeto a sus DH: indígenas, mujeres, jóvenes, discapacitados, niños, migrantes, trabajadores, homosexuales, entre otros y a través del reconocimiento del principio de autodeterminación de los pueblos y defensa de los DH (tratados y declaraciones), así como de otros seres vivos (animales) y el cuidado y la preservación del medio ambiente (contaminación, agotamiento de las fuentes energéticas, calentamiento global, sobrepoblación, etcétera).
- Variado y amplio: en cuanto a materias que regula, ya que las tecnologías de la información-comunicación —y otros avances tecnológicos— con la globalización han ampliado la diversidad de sujetos y materias a las cuales debe dar solución: crimen organizado, movimientos sociales, transnacionales, etcétera.

[4] *Idem.*

[5] *Cfr.* Pedro Pablo Camargo, *Tratado de derecho internacional público*, 4ª edición, Bogotá, Leyer, 2007, p. 13.

[6] *Cfr.* Hermilo López-Bassols, *Derecho internacional público y jurisprudencia internacional*, México, Porrúa-Universidad de Guadalajara, 2014, p. 22.

- Democrático: respecto al incremento de países que actualmente integran la sociedad internacional y participan de manera importante en su elaboración y enriquecimiento como marco jurídico. La incorporación de las excolonias y otros países en desarrollo "ha permitido que sean parte fundamental en la gestación de nuevas normas de derecho internacional público, por lo que no sólo representa las posiciones de las potencias principales sino que incluye también los temas"[7] que estos países consideran primordiales.
- Descentralizado: en cuanto carece de órganos de carácter universal que concentren la función legislativa, ejecutiva o judicial, constituye "una indudable originalidad pero, naturalmente, no es razón suficiente para negarle por ello su juridicidad; más bien habría que decir que se trata de un sistema jurídico peculiar".[8] Sin embargo, cabe mencionar que a pesar de no contar con un órgano judicial de carácter universal, existen sanciones en el marco de organismos tales como la Organización de las Naciones Unidas (ONU).[9] El Consejo de Seguridad (CS), de conformidad con los artículos 41 y 42 de la Carta, tiene facultades, aunque limitadas por el derecho de veto de los miembros permanentes, para aplicar sanciones que impliquen o no el uso de la fuerza. Otros organismos especializados pueden tener un mayor control en el cumplimiento de las normas y la aplicación de sanciones, como la Corte Internacional de Justicia (CIJ), la Corte Penal Internacional (CPI),[10] la Comisión Interamericana de Derecho Humanos (CIDH), el Tribunal de Justicia Europea (TJE), y el Fondo Monetario Internacional (FMI), por mencionar algunos.

Relación entre derecho interno e internacional

Fundamentalmente son dos las teorías que explican esta relación entre lo nacional y lo internacional: la dualista y la monista. La dualista, representada por Heinrich, Triepel, Anzilotti, Von Liszt y Strupp, considera que el DIP y el derecho interno son sistemas diferentes, independientes y separados, disímiles tanto en sus fuentes como en sujetos, objetos, naturaleza y características. Sostiene que las fuentes del derecho interno se originan en la voluntad soberana de cada Estado; en tanto que las del DIP proceden de la voluntad colectiva. Con referencia a los sujetos afirman que en el derecho interno están integradas tanto

[7] *Idem.*

[8] Luis Pérez-Prat Durbán, *La provincia del derecho internacional*, Madrid, Dykinson, 2004, pp. 65-66.

[9] Véase Ricardo Méndez-Silva, *Contratación y arbitraje internacionales*, México, UNAM-IIJ, 2010, 507 pp.

[10] Véase Ricardo Méndez-Silva, "Corte Penal Internacional", en Sergio García Ramírez, *Proyectos legislativos y otros temas penales*, México, UNAM, 2003, 319 pp.

personas físicas individuales como personas morales, constituidas de acuerdo con su legislación; mientras que en el orden internacional son primordialmente Estados, OI, grupos beligerantes, movimientos de liberación nacional, algunos territorios *sui generis* e individuos.

También establecen diferencias en cuanto a la posición de sujetos frente a normas jurídicas, ya que en el orden estatal sus destinatarios se encuentran en situación de subordinación; en cambio, la posición de los sujetos de relaciones internacionales es de coordinación. Igualmente son diferentes en el ámbito espacial de competencia, ya que las del interno están sujetas al principio de territorialidad, es decir, se reducen al ámbito soberano; en tanto que las internacionales pueden ser de carácter universal, regional o bilateral.

Respecto a la tesis monista, ésta implica la unidad del orden establecido por los Estados de acuerdo con sus respectivas soberanías, lo que permite que prevalezca en unos casos el DIP sobre el nacional y en otros lo contrario. Dicho criterio fue expuesto por León Duguit, Hans Kelsen y Georges Scelle, quienes lo consideraron uno e indivisible al no ser producto de la voluntad individual o de un Estado, sino de una norma superior formando dicho sistema. Para Kelsen sólo existe un orden jurídico. Scelle sustenta que entre el DI y el interno sólo existe una relación de delegación:[11] una unidad lógica del sistema entre las dos categorías, lo que genera que estén sometidas al principio de subordinación, por lo que se derivan dos vertientes. La primera afirma su supremacía del derecho interno sobre el DIP, y sostiene que sólo cuando éste forma parte del mismo es aplicable; y la segunda avala la superioridad del DIP sobre aquél, ya que de éste nace un orden superior.

A nivel mundial su primacía sobre el interno se ha confirmado de manera clara, así la Convención de Viena sobre el Derecho de los Tratados (CVDT), en su artículo 27, afirma: "El derecho interno y la observancia de los tratados. Una parte no podrá invocar las disposiciones de su derecho interno como justificación del incumplimiento de un tratado. Esta norma se entenderá sin perjuicio de lo dispuesto en el artículo 46".[12] Los gobiernos en su práctica tratan de apegarse a las disposiciones internacionales, a pesar de que sus actos correspondan a intereses nacionales. Así pues, la responsabilidad internacional del Estado con relación a los actos legislativos constituye prueba de la primacía del DIP, ya que desde el momento en que un juez o un árbitro internacional califica la validez del derecho interno ante el orden internacional, implica una subordinación evidente del derecho estatal, de lo cual existen numerosas reso-

[11] *Cfr.* Luis Manuel Marcano Salazar, *Fundamentos de derecho internacional público: introducción al estudio de la historia de las instituciones del derecho internacional público y su impacto en las relaciones internacionales*, Caracas, Los Libros del Nacional, 2005, p. 28.

[12] CVDT de 1969 (http://www.oas.org/xxxivga/spanish/reference_docs/Convencion_Viena.pdf).

luciones firmes. Correlativamente al 27, el artículo 46 sustenta el hecho de que el consentimiento de un Estado, obligado por un tratado, haya sido manifiesto en violación de una disposición de su derecho interno, concerniente a la competencia para celebrar tratados, no podrá ser alegado por dicho Estado como vicio, a menos que esa violación sea manifiesta y afecte a una norma fundamental de su derecho interno.[13]

Teorías sobre la existencia e inexistencia del Derecho Internacional Público (DIP)

En un contexto donde el Estado era la máxima expresión política no se entendían reglas que normaran su actividad, lo consideraban como un conjunto de mecanismos de fuerza que regulan relaciones entre Estados, pero no un orden jurídico ni positivo; reglas de cortesía que contaban con una sanción moral, señalaban que en el DIP no había imperativos ni soberano: elementos esenciales del derecho. Autores como Thomas Hobbes y Samuel Pufendorf le negaron fuerza jurídica; John Austin lo equiparó a la moral positiva; Hans Kelsen lo señaló como derecho primitivo; los socialistas como derecho burgués; y otros como Somló, Savigny, Zitelman y Burkhardt afirmaron que era un derecho imperfecto, equiparable a la cortesía internacional, carente de positividad y coactividad.[14] En contraposición surgen otras escuelas que afirman su juridicidad: iusnaturalismo y positivismo.

Iusnaturalismo

Fundada por los teólogos españoles Francisco de Vitoria, Francisco Suárez y el italiano Alberico Gentili, esta corriente sostiene que tanto el orden jurídico como las normas supremas básicas, vienen de un principio teológico o religioso superior, surgido de una revelación. Estos principios constituyen el derecho natural, por tanto las normas positivas del Estado deben ajustarse al mismo.

El iusnaturalismo religioso como fundamento aportó los siguientes elementos: los hombres agrupados en Estados necesitan que exista un derecho constituido por principios objetivos para regular las relaciones entre éstos; el DIP es consecuencia del derecho natural con el que está estrechamente vinculado, pero con el que no se debe confundir al ser dos órdenes distintos, pues se compone de normas establecidas para la convivencia entre las naciones. La fuerza

[13] *Idem.*
[14] Pedro Pablo Camargo, *op. cit.*, p. 14.

obligatoria del DIP se deriva de su adecuación al derecho natural, la humanidad como persona moral que agrupa a todos los Estados bajo el derecho natural, no sólo a aquellos que han participado en su creación o reconocimiento.[15]

Positivismo voluntarista

Teoría que parte del supuesto de que DIP es aceptado como obligatorio para el Estado por su propia voluntad, siendo éste el ente privilegiado de la sociedad internacional. Afirma que el fenómeno jurídico es exclusivamente producto de la voluntad estatal, derivado del principio positivista de que todo derecho procede del Estado. Esto se expresa así: prioriza el papel de la costumbre en el DIP, ya que en ésta interviene fuertemente la voluntad estatal, y la escasa sanción no es problema de existencia, sino de eficacia; el derecho interno está lleno de normas que no se aplican como en el DIP, en el peor de los casos, también son incumplidas. Para los precursores de la teoría, se debe hacer una distinción entre estas esferas separadas, pero vinculadas entre sí —el sistema jurídico internacional y el nacional—, de lo que surgen dos supuestos. La teoría de la autolimitación de la libertad por parte del Estado (Jellinek): el DIP opera porque los Estados han aceptado limitar su jurisdicción para que tenga vigencia. Y voluntad colectiva (Triepel): el DIP es obligatorio porque la concurrencia de voluntades estatales, forman una colectiva distinta, y ésta ha de regirse por el DIP.

En consecuencia, el Estado puede obligarse a respetar todo orden jurídico que logre crear, de lo que resulta que el fundamento del DIP se encuentra en la multiplicidad de autoobligarse.[16] Sus opositores señalan que si bien es cierto que el Estado es el único creador de normas y que por ser soberano puede autoobligarse y autolimitarse, para aceptar un orden común también puede seguir el mismo procedimiento, a fin de desligarse de su autoobligación, de todo lo cual resulta que la validez y el cumplimiento del DIP queda sujeto a la voluntad de los Estados.

Positivismo normativo

Ante las dificultades de fundar al DIP únicamente en la voluntad de los Estados, surgen nuevas doctrinas dentro del ámbito positivista que limitaron su voluntad. Lo que dio origen a la corriente de la norma originaria o norma fundamental,

[15] Hermilo López-Bassols, *op. cit.*, pp. 9-10.
[16] *Ibidem*, p. 16.

ya expuesta por Hans Kelsen. Este autor sostiene que el DIP es creación de la voluntad individual de cada Estado, reconoce la existencia del DIP basado en el principio de que todo derecho procede sólo del Estado. Se afirma que la denominada dogmática jurídica es una técnica de valoración del sistema jurídico, la cual sostiene que la validez de la norma, en cuanto forma parte de un sistema, proviene de otra superior, hasta llegar a la norma prima, cuya validez es un postulado que otorga juridicidad a todo el ordenamiento.

Fuentes de Derecho Internacional (DI) del Estatuto de la Corte Internacional de Justicia (CIJ)

Respecto a las fuentes del Derecho Internacional Público (DIP) existen dos controversias: por un lado se discute su jerarquía y, por otro, la existencia de fuentes no contempladas en el artículo 38 del Estatuto de la Corte Internacional de Justicia (CIJ). En lo que se refiere a la jerarquía, muchos autores consideran los tratados como su fuente principal, sin embargo, en la práctica las Cortes han demostrado que si bien los tratados siguen siendo la primera fuente de derechos y obligaciones, hay otras que, al resolver los casos consultivos o contenciosos, se van aplicando indistintamente. Otros autores afirman que no existe jerarquía alguna sino una interrelación.

En cuanto al segundo punto han surgido dos corrientes: la que sostiene que el artículo 38 es de carácter ejemplificativo o descriptivo y otra que niega su existencia; al respecto, cabe mencionar fuentes que no están contempladas directamente, pero que se subsumen a las mismas. Por ello no debe negarse su existencia como es el caso de la equidad, actos unilaterales de los Estados, formación del *ius cogens*, declaraciones, recomendaciones, resoluciones de organismos multilaterales y organismos cuasilegislativos. Otras pueden ser las resoluciones del Consejo de Seguridad (CS) capítulo VII de la Carta de la Organización de las Naciones Unidas (ONU), declaraciones de Estados "formuladas con la intención de producir efectos jurídicos en sus relaciones con uno o más Estados",[17] etcétera.

No podemos olvidar que el derecho es un producto social, por lo que el DIP se ha transformado de acuerdo con nuevos paradigmas, no es el mismo que en 1921, año en que se formuló el artículo 38 del Estatuto de la Corte Permanente de Justicia Internacional (CPJI), antecedente del actual; éste no es una

[17] Víctor Rodríguez Cedeño, *Segundo informe sobre los actos unilaterales del Estado*, UN. A/CN. 4/500, CDI, ONU, 2000, p. 10 (http://daccess-dds-ny.un.org/doc/UNDOC/GEN/N99/105/32/PDF/N9910532.pdf?OpenElement).

camisa de fuerza sino precepto de carácter ejemplificativo que nos permite incorporar nuevas fuentes.

Tratados

Dicho artículo establece como primera fuente "las convenciones internacionales generales o particulares, que contengan reglas expresamente reconocidas por los Estados litigantes".[18] El derecho de los tratados es un conjunto de normas de carácter técnico que regula su celebración, entrada en vigor, observancia, aplicación, interpretación, enmienda, modificación, nulidad, terminación y suspensión. El instrumento que recoge y codifica la costumbre internacional en materia de tratados, así como su avance y desarrollo progresivo, es la Convención de Viena sobre el Derecho de los Tratados (CVDT) de 1969, en vigor desde el 27 de enero de 1980. En su artículo 2 lo define: "...un acuerdo internacional celebrado por escrito entre Estados y regido por el DIP, ya conste en un instrumento único o en dos o más instrumentos conexos y cualquiera que sea su denominación particular".[19] De esta definición se desprenden los siguientes elementos: ser acuerdo internacional celebrado por escrito entre Estados; constituirse por un instrumento único o en dos o más documentos conexos; y puede adquirir cualquier denominación.

El primer elemento de esta definición excluye acuerdos o tratados orales, los cuales debido a los adelantos tecnológicos, pudieran estar en formato auditivo o videograbados, aunque es raro. También excluye, conforme al artículo 3, los celebrados entre Estados y organismos internacionales (OI), o entre éstos, regulados por la última CVDT (1986). El segundo elemento se entiende debido a que tradicionalmente versaban sobre una sola materia y se trataba de contener todo en un solo instrumento, sin embargo, gracias a la celeridad de las relaciones, la práctica ha impuesto que una materia pueda estar contenida en diversos acuerdos. Respecto al tercer elemento, se hizo necesario incorporar el nombre que adquieren los diferentes instrumentos para referirse a los acuerdos entre Estados: capitulaciones, artículos, concordato, acta, estatuto, convenio, protocolo, pacto, declaración, convención, carta e intercambio de notas, entre otros.

Clasificación

La CVDT no hizo la clasificación de los tratados, sin embargo, en la doctrina se han clasificado con el propósito de identificar notas comunes o diferencias.

[18] Estatuto de la CIJ de 1945 (http://www.icj-cij.org/homepage/sp/icjstatute.php).
[19] CVDT de 1969 (http://www.oas.org/36ag/espanol/docreferencia/Convencion_Viena.pdf).

La primera se vincula al número de Estados, en tal sentido pueden ser: bilaterales, multilaterales o colectivos. Otros, desechan este criterio y proponen atributos como el carácter abierto o cerrado para conocer en qué medida está limitado el número de Estados que puedan adherirse: según se permita o no la incorporación de nuevos Estados. Otra clasificación destaca la calidad o la naturaleza de las partes: entre Estados, entre Estados y OI o entre OI. Su objetivo o contenido es otro criterio, en este sentido se distinguen dos tipos: tratado-ley y tratado-contrato. Los primeros se asemejan a las leyes de derecho interno, de carácter general, abstractos y permanentes e imponen los mismos derechos y obligaciones; los segundos se parecen a los contratos del derecho nacional y establecen derechos y obligaciones, pero carecen de generalidad.

PRINCIPIOS

Los tratados se rigen por tres principios:

1. *Pacta sunt servanda:* locución latina que significa que deben cumplirse. El artículo 2 de la Carta de la ONU sostiene: "las obligaciones contraídas por los Estados deben cumplirse de buena fe";[20] así también la CVDT, según el artículo 26, señala: "derivada del principio cumplimiento de buena fe, se encuentra la obligación por parte de los Estados miembros de no frustrar su objeto antes de su entrada en vigor".[21]
2. Sólo producen efectos para las partes: no crean derechos ni obligaciones para terceros (artículos 35, 36 y 37 de la CVDT). Sin embargo, la doctrina reconoce que los convenios que contienen reglas consuetudinarias, pueden elevarse a un tipo de observancia obligatoria para terceros, *erga omnes*, aun sin su adhesión.
3. El consentimiento es la base de obligaciones. Toda vez que los tratados son voluntades concurrentes, expresan la misma.

COSTUMBRE INTERNACIONAL (CI)

Durante mucho tiempo se constituyó como la fuente principal, sin embargo, con el paso del tiempo y la complejidad de las relaciones ésta fue insuficiente generando otras. El Estatuto de la CIJ la define como "prueba de una práctica generalmente aceptada como derecho",[22] creando confusión entre los conceptos

[20] *Cfr.* Carta de la ONU de 1945 (http://www.un.org/es/documents/charter/).
[21] *Cfr.* CVDT, *op. cit.*
[22] Estatuto de la CIJ de 1945, *op. cit.*

costumbre y práctica. Algunos distinguen dichos términos señalando que práctica es el conglomerado de pasos que van formando al derecho: es proceso; mientras que costumbre es su resultado, es el derecho mismo. La CI se integra por dos elementos: *1) Inveterata consuetudo*:[23] locución latina que destaca práctica ininterrumpida, constituye el elemento material e histórico. Es actuar reiteradamente en un mismo sentido en sus relaciones internacionales a través del tiempo. *2) Opinio juris sive necessitatis*:[24] elemento psicológico constituido por la convicción que dicha práctica es obligatoria. Tradicionalmente se afirmaba que sólo una práctica inmemorial —*inveterata consuetudo*—, podía dar nacimiento a la costumbre. No obstante, aún no hay un acuerdo sobre cuánto tiempo debe transcurrir. Algunos señalan que puede ser más breve de lo pensado, tal y como ocurre en las costumbres adoptadas en el ámbito del espacio ultraterrestre.

Respecto al segundo elemento, éste se refiere a la convicción de aplicar la norma. En este sentido, no toda práctica se convierte en costumbre. Aunque Kelsen, Visscher, Kopelmanas y Guggenheim consideran que el componente psicológico es innecesario, que escapa de la ciencia jurídica, además de su dificultad para probarlo, no podemos menospreciar dicho elemento, ya que el consentimiento general expresado en la continuidad y generalidad de la práctica, es el que brinda obligatoriedad a la costumbre.

PRINCIPIOS GENERALES DE DERECHO NACIONAL E INTERNACIONAL

Los principios generales del "derecho reconocidos por las naciones civilizadas" son la tercera fuente que recoge el artículo 38 del Estatuto de la CIJ, y constituyen enunciados normativos generales que expresan un juicio deontológico acerca de una conducta a seguir.

PRINCIPIOS GENERALES DE DERECHO

Provienen en su mayoría de las legislaciones nacionales. Son interminables porque en el ámbito interno aseguran la vigencia de un orden jurídico, y son comunes a todos los sistemas o a la mayor parte de ellos. Destacan los siguientes: cosa juzgada, no retroactividad de la ley, reparación del daño, reglas de la prescripción, repudio del enriquecimiento sin justa causa; nulidad de los actos

[23] Del latín "costumbre arraigada".
[24] Del latín "obligación de cumplir un deber jurídico".

jurídicos, *nullum crimen sine lege*,[25] *nulla poena sine lege*,[26] *non bis in idem*,[27] inadmisibilidad de la denegación de justicia.

Principios generales de Derecho Internacional Público (DIP)

Están incorporados, en su mayoría, en la Carta de la ONU, así como en la Resolución 2625 (XXV) de la Asamblea General (AG), denominada Declaración relativa a los principios referentes a las relaciones de amistad y a la cooperación entre los Estados de conformidad con la Carta de 1970. Entre ellos se mencionan: abstenerse de recurrir a la amenaza o uso de la fuerza, arreglar sus controversias por medios pacíficos, no intervenir en los asuntos que son de la jurisdicción interna de otros, cooperar entre sí, igualdad de derechos y libre determinación de los pueblos, igualdad soberana de los Estados, cumplir de buena fe obligaciones contraídas por ellos. Debemos agregar aquéllos contenidos en tratados internacionales: la CVDT, el Estatuto de la CIJ, la Convención de la ONU sobre el Derecho del Mar, o en resoluciones de la ONU (Declaración de Derechos y Deberes de Estados, proyecto de artículos sobre responsabilidad por hechos internacionales ilícitos, entre otros) etcétera.

Decisiones judiciales y doctrina

Las decisiones judiciales son un medio auxiliar para determinar las reglas de derecho (artículo 38 del Estatuto) y fincan la costumbre de tribunales. Se atribuye el mismo valor tanto a opiniones consultivas de la CIJ como a sus sentencias. Estas decisiones son, en primer lugar, las propias y las de otros órganos jurisdiccionales. No obstante, lo establecido en el artículo 59 del Estatuto establece que: la decisión de la CIJ no es obligatoria sino para las partes en litigio y respecto del caso que ha sido decidido. Sin embargo, no cabe duda que al ser de naturaleza objetiva, impulsan el desarrollo e interpretación del DIP, generando criterios aplicables a diversos casos, sin que esto conlleve a su vigencia. Aunque debemos destacar que está facultada para utilizar o no el precedente.

Las "doctrinas de publicistas de mayor competencia de las distintas naciones",[28] como medio auxiliar, constan en los trabajos de juristas, investigadores,

[25] Del latín "no hay delito sin ley".
[26] Del latín "no hay pena sin ley".
[27] Del latín "nadie puede ser juzgado dos veces por el mismo delito".
[28] *Idem*.

redactores de artículos y libros, comentaristas, proyectos e informes de órganos colegiados.[29] La doctrina fue fundamental en el progreso de normas del DIP cuando tratadistas como Vitoria, Grocio, Gentile, Suárez, entre otros, determinaron su forma, contenido y desarrollo de los siglos XVI al XVIII.[30] Sin embargo, hoy sus opiniones ya no son la primera fuente, debido a la desconfianza que ha generado el uso de diversas teorías a favor o en contra, por ello algunos autores recomiendan "desconfiar de toda teoría que parezca o sea una defensa de un gobierno determinado, sobre todo cuando se intente justificar un ilícito internacional y se presente como derecho lo que el autor quisiera que fuera derecho".[31] Por lo tanto, se consideran más fiables los estudios elaborados por instituciones colegiadas: la Comisión de Derecho Internacional (CDI), CJI, el Instituto de Derecho Internacional (IDI), la International Law Association de Londres, Academia de Derecho Internacional (ADI) de La Haya, entre otras.

Equidad

El artículo 38 faculta a la CIJ para decidir *ex aequo et bono*[32] si las partes lo convinieren, es decir, mediante la equidad. Se refiere, de acuerdo con el Diccionario de la Real Academia de la Lengua Española (RAE), a "justicia natural, por oposición a la letra de la ley positiva", y a "disposición o ánimo que mueve a dar a cada uno lo que merece".[33] Es una cláusula previa de admisión expresa de las partes, que faculta al juez a recurrir a la equidad como medio de solución de una controversia. El papel se lo ha asignado la jurisprudencia, cuyas funciones son: correctiva, por medio de la cual atenúa o modera al derecho positivo mediante la inserción en los compromisos de arbitraje o convenciones; y supletoria, cuando colma o llena de lagunas. Sirve para coadyuvar la aplicación del DIP, dado que en el mundo del derecho las leyes son falibles, haciendo necesario recurrir a otros medios; puede aplicarse independiente de las partes: *infra legem*, formando parte de sus fallos.

[29] Hermilo López-Bassols, *op. cit.*, p. 57.

[30] *Idem.*

[31] José Luis Vallarta Marrón, *Derecho internacional público*, México, Porrúa, 2006, p. 45.

[32] Término latín que significa "de acuerdo con lo correcto y lo bueno, o desde la equidad y la conciencia".

[33] RAE, *Diccionario de la Lengua Española*, tomo I, Madrid, Espasa-Calpe, 2014, p. 861.

OTRAS FUENTES

Actos unilaterales de los Estados

Si bien la doctrina no deja lugar a dudas respecto a considerar los actos unilaterales de los Estados como fuente de derecho, no existe una teoría general que la sustente con toda certeza. Hoy es práctica común considerar que dichos actos constituyen elementos que tienen significación tanto de derecho interno como internacional, ya que se considera que éste constituye una manifestación del consentimiento del Estado en obligarse, por lo que no se necesita aceptación de un tercer Estado para producir efectos; su obligatoriedad está basada en el principio de buena fe.[34]

La CIJ dio luz sobre la materia en el caso relativo a los ensayos nucleares (Nueva Zelandia *vs.* Francia, y Austria *vs.* Francia) de 1974 señalando: son manifestaciones unilaterales de voluntad, de uno o varios Estados; con la intención expresa de quedar obligado conforme a sus términos; cuyo perfeccionamiento no depende de su relación con ningún otro negocio, como los tratados, costumbre internacional o aceptación de los destinatarios de derechos creados y regidos por el DIP.[35] También determinó requisitos de fondo y forma para que un acto estatal se considere unilateral con impacto internacional: de fondo que la manifestación de voluntad sea inequívoca en cuanto a su intención de obligarse, cuyo objeto y fin sea lícito. De tal forma se refiere a la capacidad de quien manifiesta el acto que obliga al Estado el cual debe ser ejecutado por un órgano competente que no pueda cuestionarse su autoridad, como podría ser un jefe de Estado, de gobierno, ministros o cancilleres; en segundo lugar, en cuanto a la forma que deben revestir, puede ser oral o escrita,[36] lo importante es que sean claros, con objeto preciso y públicos, y otorguen notoriedad.

JUS COGENS

El artículo 53 de la CVDT define *jus cogens* como: "una norma imperativa de DI general es [aquélla] aceptada y reconocida por la comunidad internacional de Estados en su conjunto como norma que no admite acuerdo en contrario y que sólo puede ser modificada por una norma ulterior de DI general que tenga el mismo carácter".[37] Asimismo, el artículo 64 afirma que si surge una nueva,

[34] *Cfr*. Norka López Zamarripa, *op. cit.*, 141.

[35] *Cfr*. Víctor Manuel Sánchez *et al.*, *Derecho internacional público*, 2ª edición, Madrid, Huygens, 2010, pp. 107-108.

[36] *Idem.*

[37] CVDT de 1969, *op. cit.*

todo tratado existente que esté en oposición se convertirá en nulo y terminará, es decir, no admite regla en contrario. Cabe mencionar que algunos autores aceptan la existencia de un *jus cogens regional* y sostienen que será aplicable siempre y cuando no contravenga al *jus cogens universal*. Algunas de las normas propuestas son: igualdad soberana de los Estados y los principios de no intervención, *pacta sunt servanda*, prohibición del uso de la fuerza, obligación de arreglar las controversias por medios pacíficos, igualdad de derechos y libre determinación de los pueblos, protección de los DH sin discriminación, conservación y libre goce de un bien común de la humanidad,[38] entre otras.

Actos de organismos internacionales (OI)

Las decisiones que los OI toman con base en estructuras y mecanismos en sus tratados fundacionales, suelen denominarse de diferentes modos: recomendación, decisión, declaración, acuerdo, ordenanza, opinión, acta final, práctica, resolución, entre otros. Actos capaces de generar consecuencias de derecho, cuyo valor se define en las actas constitutivas. De este modo, cada OI genera su propio régimen, aunque no siempre los constitutivos dejan claro el valor de sus resoluciones. De acuerdo con la tipología, los actos que emitan en el ejercicio de funciones son: *1)* regular su funcionamiento; *2)* atender el desarrollo material y sustancial de competencias para las cuales fue creado.[39] Las primeras abarcan las decisiones que toma la institución con la finalidad de estructurarse de manera eficaz, por lo que también contemplan decisiones de carácter administrativo: admisión, suspensión y expulsión de miembros, aprobación del presupuesto y cuotas, creación, delimitación de funciones de órganos subsidiarios, elección de representantes de órganos principales y aprobación del estatuto del personal. El segundo tipo de actos se refieren propiamente a sus objetivos, en el ámbito de su competencia sustancial o materia; pueden comprender cuestiones: políticas, económicas, financieras, técnicas, sociales, culturales, mantenimiento de la paz y seguridad, fomento de relaciones de amistad, cooperación en la solución de problemas internacionales, comunicaciones y transportes, y respeto a los derechos humanos (DH), entre otras.

En general las resoluciones de carácter externo o funcional son recomendaciones mediante las cuales se invita a los Estados a comportarse en determinado sentido, con la obligación de actuar de buena fe y de cumplir con dicha

[38] Véase el informe sobre responsabilidad de los Estados (artículo 18) de la CDI de la ONU, 2002 (http://daccess-dds-ny.un.org/doc/UNDOC/GEN/N01/478/00/PDF/N0147800.pdf?OpenElement).

[39] *Cfr*. Homero Tapia Pérez, *Resoluciones de organismos internacionales*, Puebla, Universidad de las Américas Puebla, 2006 (http://catarina.udlap.mx/u_dl_a/tales/documentos/ledi/tapia_p_h/capitulo5.pdf).

disposición. Sin embargo, debe advertirse que hay resoluciones que por recoger la costumbre internacional tienen mayor fuerza, tal es el caso de la Declaración Universal de los Derechos Humanos (DUDH), adoptada por la AG en su Resolución 217 A (III), el 10 de diciembre de 1948 en París, contiene en 30 artículos de los DH considerados básicos, así como otras resoluciones producto del desarrollo y la codificación del DIP, como el Proyecto de Artículos sobre Responsabilidad del Estado por hechos ilícitos, adoptado por la CDI en su 53° periodo de sesiones (A/56/10) y anexado por la AG en su Resolución 56/83 del 12 de diciembre de 2001.

Resoluciones de la Asamblea General (ONU)

Como ya se anotó, la Carta de la ONU no contiene disposiciones referentes al valor jurídico de las resoluciones de la AG. Por lo que en un primer acercamiento al tema, apreciamos que no tienen fuerza obligatoria para los Estados, y en tal sentido, sólo constituyen invitaciones que se pueden aceptar o rechazar. No obstante, hay otro tipo de resoluciones internas que generan una obligación, por ejemplo, aquéllas de carácter administrativo que crean órganos. Otro tipo de resoluciones —de segundo tipo— tienen fuerza vinculante, al incorporar derechos y principios que por sí mismos son fuentes del DIP y creadoras de nuevas normas de derecho. Por ejemplo, la Declaración sobre los principios de DI referentes a las relaciones de amistad y cooperación entre Estados, adoptada en la resolución 2625 (XXV) de la AG el 24 de octubre de 1970.

Resoluciones del Consejo de Seguridad (ONU)

A diferencia de las resoluciones anteriores, hay decisiones del CS obligatorias de conformidad con el artículo 25: los miembros de la ONU convienen en aceptar y cumplirlas de acuerdo con esta Carta. Éstas pueden versar sobre temas relacionados con el capítulo VI: arreglo pacífico de controversias, capítulo VII, acción en casos de amenaza a la paz, quebrantamiento de la paz o actos de agresión, y el capítulo VIII de acuerdos regionales. Al respecto, Ricardo Méndez-Silva señala que las resoluciones del CS se apoyan e invocan en vertientes enteras del DI, como el DIDH, el Derecho Internacional Humanitario (DIH) y el derecho del desarme.[40]

[40] *Cfr.* Ricardo Méndez-Silva, *El Consejo de Seguridad de las Naciones Unidas y los casos de Afganistán e Irak*, México, UNAM-IIJ, 2014, p. 4.

Validez de los actos de los organismos internacionales (OI)

Los actos jurídicos de las OI serán válidos siempre y cuando tengan congruencia con los poderes otorgados por los Estados en sus actas constitutivas. Sin embargo, en algunos casos las OI pueden actuar *ultra vires*[41] tomando decisiones que estén más allá de su competencia, por lo que el acto debe ser nulo o anulable. Se han definido como *ultra vires* aquellos que se realizan en contra de las disposiciones expresas de sus documentos constitutivos o son de órganos incompetentes. En este sentido, su límite deben ser sus cartas constitutivas, que generalmente respetan. A veces cuando exceden sus funciones, se ha aplicado la teoría de poderes implícitos que sostiene: al facultar a una organización para llevar a cabo determinado objetivo, en consecuencia tiene los poderes necesarios para ejecutarlo, aunque expresamente no se le hayan conferido.

Clasificación de los actos *ultra vires*

Norbert Bernsdorff afirma que los actos *ultra vires* pueden clasificarse de la siguiente manera: ejercicio de competencias que no le han sido transferidas; ejercicio de competencias atribuidas a otro órgano y ejercicio que excede el poder que le ha sido atribuido. Estos supuestos "se pueden dar por actos realizados hacia el exterior, o bien por una serie de actos realizados hacia el interior de la organización".[42]

[41] Frase latina que significa "más allá de los poderes".
[42] Ricardo Méndez-Silva, *El Consejo de Seguridad…*, *op. cit.*

Capítulo tercero

Derecho de los tratados

TRATADOS

Respecto a la celebración de los tratados, ésta se realiza en el momento en que las partes han expresado su consentimiento o voluntad definitiva para contraer obligaciones mediante (artículo 11 de la CVDT): firma, canje de instrumentos, ratificación, aceptación, aprobación, adhesión o en cualquier otra forma que se hubiere convenido. Esta terminología se instrumentó con la finalidad de abarcar todos los vocablos utilizados en diferentes sistemas jurídicos.

En México se denomina aprobación. En efecto, el Senado de la República tiene la facultad de firmar tratados por nuestro país, *ad referendum*[43] y el Ejecutivo realiza la ratificación en el plano internacional, manifestando así la voluntad del Estado.[44] Cabe señalar que no existe diferencia entre los derechos de los Estados que firman y ratifican una convención, con los que se adhieren a la misma, pues ambos representan la manifestación de su voluntad para comprometerse. Asimismo, existe la posibilidad de obligación por una parte del tratado o por disposiciones diferentes; ello —como lo señala el artículo 17 de la Convención en comento— sólo surtirá efecto si el tratado lo permite o los demás contratantes lo convienen y si se indica claramente a qué disposiciones se ha otorgado dicho consentimiento.[45]

[43] Expresión latina que significa "A condición de ser aprobado por quien posea poder para ello" o "para que sea aprobado por un superior".

[44] *Cfr.* Ricardo Méndez-Silva, "La firma de los tratados", *Revista Mexicana de Derecho Constitucional* (*Sección de Comentarios Jurisprudenciales*), núm. 3, México, julio-diciembre de 2000, pp. 211-212.

[45] *Cfr.* CVDT de 1969, *op. cit.*

FORMAS DE EXPRESAR EL CONSENTIMIENTO

La firma tiene como finalidad dar autenticidad al texto negociado, a través de su representante, siempre y cuando (artículo 12) el tratado disponga que la firma tendrá ese efecto; conste de otro modo que los Estados negociadores han convenido en ello; o la intención del Estado de darle validez se desprenda de los plenos poderes de su representante o se haya manifestado durante la negociación. Actualmente proliferan un importante número de tratados que han entrado en vigor a partir de la firma, como son los acuerdos ejecutivos y el intercambio de notas, por lo tanto, los propios tratados deben especificar la forma a través de la cual cobran vigencia.[46]

El canje de instrumentos de ratificación, aceptación o aprobación se realiza mediante su intercambio entre las partes por medio de plenipotenciarios. Éstos entran en vigor cuando (artículo 14): el tratado disponga que tal consentimiento pueda exteriorizarse por este medio; conste en otro documento dicha voluntad; el representante del Estado haya firmado a reserva de la ratificación y esto se desprenda de los plenos poderes del representante o se haya manifestado durante la negociación.[47] En este sentido, fue la Constitución norteamericana el parteaguas para la participación del Legislativo en la definición de las obligaciones internacionales.[48] Como el procedimiento para la conclusión de un tratado queda bajo la soberanía de los Estados, cada uno establece la manera por la cual se obliga; por lo tanto con base en su legislación interna podrá determinar si la firma o la ratificación, o ambas, son medios idóneos para contraer obligaciones internacionales. La aceptación o aprobación del tratado (artículo 14.2) se efectúa cuando el Estado consiente en obligarse en condiciones semejantes a las que rigen la ratificación. La adhesión surte los mismos efectos que la ratificación. Existen tratados que no la permiten, llamados tratados cerrados y abiertos, que admite que un Estado se obligue por medio de la adhesión cuando (artículo 15): *a)* el tratado así lo disponga, *b)* conste de otro modo que los Estados negociadores han convenido que ese Estado puede adherirse; o *c)* todas las partes lo hayan consentido ulteriormente.

CAPACIDAD Y REPRESENTACIÓN

El artículo 6 de la CVDT sostiene: "[…] todo Estado tiene capacidad para celebrar tratados",[49] ya que es una de las formas antiguas y características del ejercicio

[46] *Idem.*
[47] *Idem.*
[48] *Cfr.* Ricardo Méndez-Silva, "La firma de…", *op. cit.*, p. 223.
[49] CVDT de 1969, *op. cit.*

de soberanía. Respecto a la representación, se entiende que una persona encarna al Estado cuando (artículo 7): presenta plenos poderes o se deduce de la práctica seguida por los Estados interesados. En este supuesto se encuentran los jefes de Estado, de gobierno, ministros de Relaciones Exteriores y jefes de misiones diplomáticas, entre otros. Así pues, la capacidad para firmar, en primer lugar, la tienen los jefes de Estado derivado de la *jus omnimodae representationis*.[50] los ministros de Relaciones Exteriores que participan en negociaciones o celebraciones y tienen capacidad para ello, ya que es inherente a su cargo; los jefes de misión diplomática para la adopción del texto de un tratado entre el Estado acreditante y el Estado ante el cual se encuentren acreditados; y los representantes acreditados ante una conferencia internacional o un organismo internacional (OI), o ante uno de sus órganos.

ENTRADA EN VIGOR Y APLICACIÓN PROVISIONAL DE UN TRATADO

Un tratado entra en vigor en la fecha o en la forma que se disponga en él o que acuerden los Estados (artículo 24). Si no lo hubieren señalado, entonces entra en vigor tan pronto haya constancia del consentimiento de todos los Estados negociadores (artículo 24.2). En tanto que los tratados bilaterales lo hacen luego de expresar su consentimiento mediante el canje de instrumentos o notificación. Tratándose de convenios multilaterales, dependerá del consentimiento de todas las partes, de algunos, o del número de Estados que la hayan ratificado o se hubieren adherido.[51] Ahora bien, en caso de que un Estado quisiera regirse por un tratado vigente, éste entrará en vigor en la fecha en que manifieste su voluntad de obligarse dicho Estado, a menos que disponga otra cosa (artículo 24.3). Asimismo, se aplicarán desde el momento de la adopción de su texto las disposiciones que versen sobre (artículo 24.4): autenticidad, constancia del consentimiento de los Estados en obligarse, manera o fecha de entrada en vigor, reservas y funciones del depositario, entre otras.[52] Además, cabe la posibilidad que los tratados, o parte de éstos, se apliquen de manera provisional antes de su entrada en vigor, cuando (artículo 25) el propio tratado así lo disponga o los Estados negociadores hayan convenido en ello. Terminará su aplicación provisional si el Estado notifica a los otros su intención de no llegar a ser parte (artículo 25.2).[53]

[50] Locución latina que significa "derecho de representación general" (capacidad del jefe del Estado para representar a éste en todos los ámbitos).

[51] CVDT de 1969, *op. cit.*

[52] *Idem.*

[53] *Idem.*

Irretroactividad

El principio de irretroactividad establece (artículo 28):

> [...] las disposiciones de un tratado no obligarán a una parte, respecto de ningún acto o hecho que haya tenido lugar con anterioridad a la fecha de entrada en vigor del tratado para esa parte, ni de ninguna situación que en esa fecha haya dejado de existir, sólo que una intención diferente se desprenda del tratado o conste de otro modo.

Éste no impide que las partes establezcan una normatividad diferente para la aplicación del tratado en el tiempo, ya que la misma CVDT expresa: "sólo que una intención diferente se desprenda del tratado o conste de otro modo", tal es el caso de la Convención sobre la imprescriptibilidad de los crímenes de guerra y de los crímenes de lesa humanidad de 1968.

Ámbito de aplicación territorial

Cada tratado debe identificar la esfera espacial en la cual se aplica, de otro modo habría dificultades para discernir la intención de las partes, así pues, cuando se refieren al territorio de una parte, se entiende que es en su totalidad (artículo 29 de la CVDT). Sin embargo, se da el caso que prevea la libertad de sobrevuelo a aeronaves civiles en un determinado Estado, pero que excluya ciertas zonas por cuestiones de seguridad, medio ambiente, arqueológicas,[54] etcétera. Tratándose de Estados federados, se aplica el criterio anterior, salvo que una intención diferente se desprenda de la convención o de otro instrumento. En el Caso Avena, autoridades locales de Estados Unidos pretendieron no estar obligadas por la Convención de Viena sobre Relaciones Consulares (CVSRC) de 1963, pero el juez Jackman recordó que la Corte Interamericana de Derechos Humanos (CIDH), había señalado que los derechos que consagra en su artículo 36 deben ser respetados por los Estados, independientemente de su estructura federal o unitaria, dado que no contiene cláusula relativa al cumplimiento de las obligaciones por parte de los Estados federales, y que de su texto no se desprende la intención de establecer una excepción así.

Interpretación

Es "explicar o declarar el sentido de una cosa, y principalmente el de los textos faltos de claridad",[55] es la averiguación o conocimiento del contenido del tratado

[54] *Cfr.* José Luis Vallarta Marrón, *op. cit.*, p. 63.
[55] RAE, *op. cit.*, p. 1181.

a través de los medios que le permitan la correcta evaluación del mismo, como pueden ser: conforme a la letra de las normas, sentido lógico, antecedentes históricos, proceso de elaboración, concordancia con el conjunto normativo o analogía.[56]

La doctrina establece que existen palabras con diverso significado que con el paso del tiempo pueden cambiar, por lo que el texto debe leerse imparcialmente, en su conjunto, a la luz de sus objetivos y propósitos, pero sobre todo dentro de su contexto. Se tomarán en cuenta (artículo 31.2): preámbulo, anexos, todo acuerdo que se refiera al tratado y haya sido concertado entre las partes con motivo de su celebración; todo instrumento formulado por una o más partes y aceptado por las demás como instrumento referente al mismo; todo acuerdo ulterior acerca de su interpretación; toda práctica seguida en su aplicación por la cual conste el acuerdo acerca de la interpretación del tratado; toda forma pertinente de Derecho Internacional Público (DIP) aplicable a las relaciones entre las partes. La Corte Internacional de Justicia (CIJ) así como otros tribunales internacionales han llevado a cabo una importante tarea en esta materia.

VALIDEZ Y NULIDAD

La validez dependerá de que no se manifieste la voluntad de contraer obligaciones en violación a una disposición de su derecho interno, cuando el representante no tenga capacidad para obligarlo, cuando exista error o dolo, coacción o corrupción del representante del Estado, o amenaza o uso de la fuerza contra un Estado. De tal suerte, si alguno de los supuestos anteriores se actualiza traería como consecuencia su nulidad, ya sea en parte o su totalidad:

- *Disposiciones de derecho interno concernientes a la competencia para celebrar tratados*. Esta causal no podrá ser alegada por dicho Estado como vicio de su consentimiento, a menos que sea manifiesta y afecte a una norma de importancia fundamental de su derecho interno. Es evidente que un Estado no puede alegar su derecho como excusa del incumplimiento de obligaciones internacionales; sin embargo, dada la importancia de la norma fundamental, los Estados no pueden contraer obligaciones en oposición a su Carta Magna, ya que esto daría origen a tratados inconstitucionales.[57]
- *Restricción específica de poderes para manifestar el consentimiento de un Estado.* Es causa de nulidad (artículo 47), el hecho de que los poderes de un repre-

[56] *Cfr.* Norka López Zamarripa, *op. cit.*, p. 172.
[57] *Cfr.* CVDT de 1969, *op. cit.*

sentante hayan sido objeto de una restricción específica y notificada con anterioridad a la manifestación de ese consentimiento a los demás Estados negociadores.[58]

- *Error.* Un Estado podrá alegar error (artículo 48.1) si éste se refiere a un hecho o situación cuya existencia diera por supuesto que dicho Estado, en el momento de la celebración, constituyera una base esencial de su consentimiento en obligarse.
- *Dolo.* Es la voluntad deliberada de cometer un engaño, fraude o simulación en actos jurídicos, implica la voluntad maliciosa de engañar a alguien o de incumplir una obligación contraída;[59] es cuando un Estado ha sido inducido a celebrar un tratado por la conducta fraudulenta de otro negociador.
- *Corrupción del representante de un Estado.* Cuando la manifestación de obligarse ha sido obtenida mediante corrupción de su representante, efectuada directa o indirectamente por otro Estado negociador, por lo que aquel Estado podrá alegarla como vicio.
- *Coacción sobre el representante de un Estado.* Si una de las partes es forzada a prestar su consentimiento mediante coacción, derivada de actos o amenazas. Es el caso del Acuerdo de Munich de 1938, por el cual se estipulaba que Checoslovaquia debía ceder su territorio a Alemania, el cual fue obtenido bajo fuerza y el terrorismo que ejerció el gobierno alemán contra el presidente de aquel país, por lo que fue considerado nulo.
- *Coacción sobre un Estado por amenaza o uso de fuerza.* Es muy grave la coacción ejercida sobre un Estado, dicha conducta constituye la violación de los principios del DIP incorporados en la Carta de la Organización de las Naciones Unidas (ONU), como es mantener la paz y seguridad internacionales, uso de medios pacíficos de solución de controversias y no agresión, entre otros.[60]

Se pierde el derecho de alegar la nulidad (artículo 45) cuando: *a)* el Estado que pudiera reclamar ha convenido expresamente en que el tratado es válido, o *b)* se ha comportado de tal manera que debe considerarse que ha dado su aquiescencia.

Terminación

Por regla general, los tratados contienen mecanismos para su vigencia. Sin embargo, en ocasiones, al no determinar con toda claridad los supuestos de

[58] *Idem.*
[59] *Cfr.* RAE, *op. cit.*, p. 772.
[60] *Cfr.* CVDT de 1969, *op. cit.*

terminación, se abre materia para el DIP. El derecho de los tratados especifica los casos en los cuales los Estados pueden retirarse, suspender su aplicación o alegar su terminación.

- *Terminación de un tratado*. Puede tener lugar (artículo 54) conforme a sus propias disposiciones, ya sea por un periodo de tiempo o hecho específico. La Convención para la Prevención y la Sanción del Delito de Genocidio (CPSDG) del 12 de enero de 1951 establece: la presente Convención tendrá una duración de 10 años a partir de su entrada en vigor. Permanecerá después por un periodo de cinco años, y así sucesivamente, respecto de las partes contratantes que no la hayan denunciado por lo menos seis meses antes de la expiración del plazo. Existen tratados que rigen indefinidamente, como la Convención sobre Asilo del 28 de marzo de 1935. Asimismo, puede darse el caso que se reduzca el número de Estados parte de un tratado multilateral, siendo un número inferior al necesario para su entrada en vigor; en esta situación (artículo 55) el tratado no terminará por ese solo hecho, salvo que se disponga otra cosa.[61]

En caso de que no contenga disposiciones sobre su terminación, denuncia o retiro, no podrá ser objeto de éstos, a menos que (artículo 56) conste que fue intención de las partes admitir la posibilidad de denuncia o retiro, o que ese derecho pueda inferirse de su naturaleza. Si no contiene disposiciones expresas, procederá a su terminación tácita:

- *Terminación o suspensión como consecuencia de su violación*. Tratándose de acuerdos bilaterales, es facultad del Estado lesionado, por la violación del acuerdo, dar por terminadas sus obligaciones con respecto al mismo, ya sea total o parcialmente. Otra sanción por violación es la indemnización. Como una no excluye a la otra, el Estado lesionado puede darlo por terminado y solicitar indemnización. En cuanto a los tratados multilaterales, la violación grave por una de las partes puede traer como consecuencia que (artículo 60.2) las otras procedan por acuerdo unánime; una parte especialmente perjudicada por la violación, podrá alegarla como causa para suspender su aplicación total o parcial en las relaciones entre ella y el Estado autor de la violación; cualquier parte, que no sea el Estado autor de la violación podrá alegar dicha violación como causa para suspender su aplicación.

[61] *Idem*.

- *Imposibilidad subsiguiente de cumplimiento*. Cuando desaparezca o se destruya de manera definitiva su objeto, o en caso que desaparezca o se destruya de manera temporal, se suspenderá la aplicación del mismo (artículo 61).
- *Cambio fundamental en las circunstancias (rebus sic stantibus)*.[62] Un Estado dejará de estar obligado al cumplimiento de un tratado si se produce un cambio fundamental en las circunstancias que dieron origen a la conclusión, cuando constituyeran la base esencial del consentimiento, y ese cambio tenga por efecto modificar radicalmente el alcance de obligaciones. La CVDT otorga la opción al Estado de terminar cuando existe un cambio fundamental de circunstancias, ya que no opera de manera automática, sólo se aplica en casos radicales en los que no pueda modificarse para que continúe en vigor.
- *Aparición de una nueva norma imperativa de* DI *general (jus cogens)*. Traerá como consecuencia la terminación y nulidad que esté en oposición a la misma.[63]

Reservas

Los Estados no siempre están de acuerdo con todas las disposiciones, por lo que, si el tratado lo prevé pueden formular reservas. Éstas son (artículo 2.1.d) declaraciones unilaterales, cualquiera que sea su enunciado o denominación, hechas al firmar, ratificar, aceptar, aprobar o adherirse, con objeto de excluir o modificar sus efectos jurídicos en ciertas disposiciones en su aplicación a ese Estado. No podrán formularse cuando (artículo 19) estén prohibidas o se disponga que únicamente pueden hacerse determinadas reservas, entre las cuales no figure la que se trate; o que ésta sea incompatible con su objeto y fin.[64] Algunos por naturaleza no admiten reservas, tal es el caso del Estatuto de la Corte Penal Internacional (CPI), aprobado el 17 de julio de 1998 por la Conferencia Diplomática de Plenipotenciarios de la ONU, que las prohíbe. Sus efectos dependerán de que hayan sido aceptadas o rechazadas por los demás. En un tratado bilateral o con un número reducido de Estados (artículo 20.2), del objeto y el fin del tratado se desprende que su aplicación entre todas las partes es condición esencial del consentimiento de cada una en obligarse. Los Estados abrirán negociaciones y cuando se llegue a un acuerdo respecto de la reserva, se concluirá el tratado para los Estados negociadores, una reserva que exigirá la aceptación de todos.

[62] Expresión latina que se debe traducir como "mientras estén así las cosas".
[63] *Cfr.* CVDT de 1969, *op. cit.*
[64] *Idem.*

En un tratado multilateral la situación se complica, pues la reserva puede ser aceptada por algunos y rechazada por otros, por lo que se regirán por las siguientes normas: la aceptación de una reserva por otro Estado contratante constituirá al Estado autor de la reserva en parte del tratado con relación a ese Estado; si el tratado ya está en vigor o cuando entre en vigor para esos Estados, la objeción hecha por otro Estado contratante a una reserva no impedirá la entrada en vigor, entre el Estado que haya hecho la objeción y el autor de la reserva, a menos que el Estado autor de la objeción manifieste inequívocamente la intención contraria. Un acto por el que un Estado manifieste su consentimiento de obligarse por un tratado y que contenga una reserva surtirá efecto en cuanto acepte la reserva al menos otro Estado contratante.

Se presumirá la aceptación de una reserva cuando, y a menos que, el tratado disponga otra cosa, un Estado no haya formulado ninguna objeción a dicha reserva dentro de los 12 meses siguientes a la fecha en que hayan recibido la notificación o en la fecha en que haya manifestado su consentimiento en obligarse si esta última es posterior.

Procedimiento

La reserva, aceptación expresa de la misma y su objeción (artículo 23) se formulan por escrito y se comunican a los Estados contratantes y a los demás facultados para llegar a ser partes. Asimismo, la reserva que se formule en el momento de la firma habrá de ser confirmada por el Estado autor, al manifestar su consentimiento de obligarse. En tal caso, se considerará que la reserva ha sido hecha en la fecha de su confirmación. Ahora bien, la aceptación expresa de una reserva o la objeción hecha a una reserva anterior a su confirmación no tendrán que ser a su vez confirmadas. El retiro de una reserva o de una objeción a una reserva habrá de formularse por escrito.[65]

Depositario

El depositario (artículo 76) puede ser un Estado, un grupo de Estados, una OI o el principal funcionario administrativo de la organización, el cual realiza funciones de carácter internacional, estando obligado a actuar de manera imparcial en su desempeño, su designación se realizará por los Estados negociadores en el tratado o de otro modo. Sus funciones son: custodiar el texto original y los plenos poderes que se le hayan remitido; extender copias certificadas

[65] *Idem.*

conforme al texto original y preparar todos los demás en otros idiomas que puedan requerirse, en virtud del tratado y transmitirlos a las partes y a los Estados facultados para llegar a serlo; recibir las firmas y custodiar los instrumentos, notificaciones y comunicaciones relativas; examinar si una firma, instrumento, notificación o comunicación relativos al tratado están en debida forma y, de ser necesario, señalar el caso para la atención del Estado de que se trate; informar a las partes y a los Estados facultados para llegar a serlo de los actos, notificaciones y comunicaciones relativos al tratado; informar a los Estados facultados para llegar a ser partes la fecha en que se ha recibido o depositado el número de firmas o de instrumentos de ratificación, aceptación, aprobación o adhesión necesarios para su entrada en vigor; registrar el tratado en la Secretaría General (SG) de la ONU, y desempeñar las funciones especificadas en otras disposiciones de la presente Convención.[66]

NOTIFICACIONES

Las notificaciones o comunicaciones de cualquier Estado deberán ser (artículo 78) transmitidas; si no hay depositario, directamente a los Estados a que vaya destinada, y si hay depositario a éste. Asimismo, sólo se entenderá que la notificación fue realizada cuando haya sido recibida por el Estado al que le fue transmitida o, en su caso, por el depositario. Cuando la notificación hubiera sido transmitida a un depositario, se entenderá que ha sido recibida por el Estado al que estaba destinada, cuando éste haya recibido dicha notificación.

REGISTRO Y PUBLICACIÓN

El artículo 80 de la CVDT señala que los tratados, después de su entrada en vigor, se transmitirán a la SG de la ONU para su registro o archivo e inscripción, según el caso, para su publicación.

REGULACIÓN EN EL DERECHO MEXICANO

Ley sobre la Celebración de Tratados (LCT)

En México la LCT[67] regula esta materia y los acuerdos interinstitucionales (AI). Consta de 11 artículos y un transitorio. Los tratados tienen como fundamento

[66] *Idem.*
[67] DOF, 2 de enero de 1992.

el artículo 89 fracción X de la Constitución, que otorga al presidente la facultad de celebrarlos, así como el artículo 76 fracción I, el cual concede al Senado la atribución de aprobarlos, conforme al artículo 2 fracción IV y al artículo 4, los que se sometan a su aprobación se turnarán a Comisión en términos de la Ley Orgánica del Congreso General de los Estados Unidos Mexicanos (EUM) para la formulación del dictamen correspondiente y, en su oportunidad, la resolución se comunicará al presidente de la República. Asimismo, conforme al artículo 133, que establece que los tratados son Ley Suprema de la Unión, siempre que no la contravengan.

Por otra parte, los AI son (artículo 2.2) convenios regidos por el DIP, celebrados por escrito entre cualquier dependencia u organismo descentralizado de la Administración Pública Federal (APF), estatal o municipal y uno o varios órganos gubernamentales extranjeros u OI, —cualquiera que sea su denominación—, derive o no de un tratado previamente aprobado. No poseen una base constitucional. Su reglamentación se funda en esta ley, que surge como respuesta a las prácticas que se habían desarrollado por México y otros países, llamada diplomacia federativa o paradiplomacia. Sobre este particular es necesario señalar la fuerte crítica que tratadistas han realizado, así como su inclusión, toda vez que dicha ley es secundaria.

Paradiplomacia y acuerdos interinstitucionales (AI)

La paradiplomacia se refiere a la acción exterior que llevan a cabo las entidades subnacionales, "la existencia de vínculos entre actores gubernamentales no centrales y gobiernos centrales a estaduales/provincias/municipios/extranjeros con el propósito de influir en temas de comercio, inversiones y otras políticas y acciones".[68] El término surgió a finales de los años ochenta, del cual fueron pioneros Yvo Duchacek y Panayotis Soldatos en sus obras *The Territorial Dimension of Politics: Within, Among and Across Nations* y *Federalism and International Relations: The Role of Subnational Units*, respectivamente.[69] En los últimos años se ha venido cuestionando el dominio tradicional del Poder Ejecutivo como rector de la política exterior, hoy se observa "cierta balcanización en su operación, aun cuando el jefe de Estado o gobierno conserva la facultad

[68] Sergio Rodríguez Gelfenstein, *La paradiplomacia: las relaciones internacionales de los gobiernos locales*, México, Porrúa, 2006, p. 23.

[69] *Cfr.* Cámara de Diputados, LX Legislatura. *Las relaciones internacionales de las autoridades locales (actores subestatales en las relaciones internacionales)*, 2008 (http://www.diputados.gob.mx/cedia/sia/spe/SPE-ISS-06-08.pdf).

de conducir la política exterior, generalmente a través de su cancillería, el número de actores que buscan participar en las relaciones internacionales se ha multiplicado en diferentes instancias".[70]

Existen otros actores públicos o privados que participan en algún tipo de actividad internacional: dependencias del Ejecutivo, poderes Legislativo y Judicial, órdenes de gobierno como entidades federativas, provincias, condados y municipios; actores no estatales como las organizaciones no gubernamentales (ONG), grupos de interés (empresariales, sindicales, partidos) y empresas trasnacionales.[71]

En este sentido, Carlos Parker Almonacid sostiene "[...] quienes consideran que el DIP no puede seguir siendo sólo el 'derecho entre Estados'. Puesto que la creciente emergencia de entidades subestatales en la escena internacional exige redefinir sus bases conceptuales más tradicionales, para pasar a fundarse en premisas no exclusivas del Estado-Nación".[72] Lo que destaca, en efecto, es un fenómeno internacional en el que las entidades subnacionales o de gobierno inferior al federal ocupan, con mayor frecuencia, recursos internacionales para promover sus políticas locales, institucionalizando dichas relaciones en los llamados AI.

Sobre este fenómeno, Robert Keohane y Joseph Nye destacan: "la creciente presencia de los estados federales en las relaciones internacionales demostraba la existencia de múltiples canales de comunicación entre actores subnacionales gubernamentales y no gubernamentales sin la supervisión obligada del gobierno central".[73] Es decir, se hace exigible en el orden interior de los Estados la norma que regule estos instrumentos, y la cual tendría que corresponder al sistema político del propio Estado para determinar si se realiza a nivel constitucional o simplemente a nivel de una ley inferior. Sin embargo, a pesar de que son muchos los actores internacionales que llevan a cabo la paradiplomacia, no existen instrumentos jurídicos de DIP que regulen y establezcan con toda claridad las normas pertinentes para los acuerdos a los que llegan.

En México, si bien constituyen un régimen jurídico paralelo al de los tratados internacionales, no requieren la aprobación del Senado, únicamente un dictamen previo y su registro ante la Secretaría de Relaciones Exteriores (SRE), que por cierto no lo tiene completo. De esta reflexión se deriva, que si bien

[70] Jorge A. Schiavon, *La proyección internacional de las entidades federativas: México ante el mundo,* México, Instituto Matías Romero-SRE, 2006, p. 149.

[71] *Idem.*

[72] Cámara de Diputados, *Las relaciones internacionales...*, *op. cit.*

[73] Rafael Velázquez Flores, "La paradiplomacia mexicana: las relaciones exteriores de las entidades federativas", *Relaciones Internacionales*, núm. 96, México, septiembre-diciembre, 2006, p. 124.

originan compromisos vinculantes para estados y municipios, no son sujetos de los procedimientos de ratificación que operan para los tratados signados por el Ejecutivo federal. En consecuencia, las dependencias u organismos descentralizados de la APF, estatal o municipal, están en la capacidad de conducir acciones de paradiplomacia, limitada a ciertas materias, ya que deben circunscribirse exclusivamente a las atribuciones y facultades que tengan encomendadas.

Ámbito material de tratados y acuerdos interinstitucionales (AI)

De conformidad con la *Guía para la conclusión de tratados y acuerdos interinstitucionales* y AI en el ámbito internacional, según la LCT, emitida por la SRE, serán materia todas las facultades que la Constitución Política de los Estados Unidos Mexicanos (CPEUM) le otorgue a la Federación así como las que están expresamente prohibidas para los Estados. A continuación se señalan algunas facultades exclusivas de la Federación: que dicho asunto sea competencia del Poder Legislativo general (artículo 73 constitucional), se involucre a la nación como un todo, se afecte el territorio nacional o a la esfera jurídica de los individuos, se amplíe o modifique la legislación existente (fracción XXX, artículo 73 constitucional), se contraigan obligaciones financieras en las que se comprometa el crédito de la nación y la extradición de reos (artículos 18 y 119 constitucionales).[74]

En cuanto a las prohibiciones a los Estados, la CPEUM establece en los artículos 15, 117 y 118, y de conformidad con el artículo 124 constitucional: "las facultades que no están expresamente concedidas por esta CPEUM a los funcionarios federales, se entienden reservadas a los Estados", por tanto los AI deberán circunscribirse a éstas y a las atribuciones que sean propias de la dependencia u organismos descentralizados que los suscriban.

Al construir un mapa relativo en materia de las acciones exteriores de las entidades subnacionales, algunos investigadores destacan cuando menos seis áreas: establecimiento de oficinas de representación de los estados en capitales o ciudades de otros países, organización de viajes altamente publicitados de los ejecutivos estatales a otros países, envío de misiones de funcionarios locales al exterior, organización de ferias internacionales para promocionar los productos locales a nivel estatal y externo, profundización de las relaciones entre entidades federativas en el ámbito regional (específicamente en los estados

[74] *Cfr.* SRE, *Guía para la conclusión de tratados y acuerdos interinstitucionales en el ámbito internacional según la ley sobre la celebración de tratados*, 2014 (http://www.sre.gob.mx/tratados/guia.pdf).

fronterizos), participación de funcionarios locales en trabajos de reuniones u OI, y la apertura de oficinas de atención a migrantes en el exterior;[75] además de foros, seminarios, reuniones, talleres y cursos de capacitación —en los que se llevan a cabo AI en materia de migración, cooperación internacional, agricultura, cruces fronterizos, educación, desarrollo económico, energía, medio ambiente, salud y turismo—, en principio aquellas áreas de desarrollo y cooperación de los estados.

Asimismo, diversos estados de la República cuentan con oficinas de coordinación con otros, y el Gobierno de la Ciudad de México estableció la Subdirección de Promoción de Inversiones, e inauguró su primera oficina de atención a migrantes en la ciudad de Los Ángeles, California.

Ley sobre la Aprobación de Tratados Internacionales en Materia Económica

Esta Ley se integra por 14 artículos y dos transitorios, reglamentaria del artículo 93 de la CPEUM, de ahí que el procedimiento para la aprobación de este tipo de tratados se norme por aquellos que se definen en la misma, y en todo caso en la LCT. La lógica subyacente es que el Senado, más allá del simple proceso de ratificación, es al mismo tiempo: "garante del Pacto Federal, por cuanto un tratado, convenio o acuerdo en el ámbito económico afecta a todos los estados federados; por lo que es necesario que, ante la dinámica internacional económica que se presenta, el Senado cuente con la información adecuada y suficiente para poder ejercer su facultad de aprobar los tratados internacionales en materia económica".[76] Hoy en día México tiene un grave problema debido al sobreendeudamiento de sus estados y municipios con bancos extranjeros e instituciones financieras internacionales.[77]

Así pues, su objeto (artículo 2) es regular las facultades del Senado para

> [...] requerir información a los secretarios de Estado, jefes de departamento administrativo, a los directores de los organismos descentralizados competentes sobre la negociación, celebración y aprobación de tratados relacionados con el comercio de mercancías, servicios, inversiones, transferencia de tecnología, propiedad inte-

[75] *Cfr.* Jorge A. Schiavon, *op. cit.*, pp. 76-77.

[76] Cámara de Diputados, LIX Legislatura, en "Dictamen de las Comisiones Unidas de Relaciones Exteriores y de Economía, con proyecto de Ley sobre la aprobación de Tratados Internacionales en Materia Económica", *Gaceta Parlamentaria* núm. 1486-X, jueves 29 de abril de 2004 (http://gaceta.diputados.gob.mx/).

[77] *Cfr.* "Crece deuda estatal y faltan leyes, en *Excélsior*, 2014 (http://www.excelsior.com.mx/nacional/2014/12/21/998852#cxrecs_s).

lectual, doble tributación, cooperación económica y con las demás materias a que se refiere este ordenamiento cuando se relacionen con las anteriores.[78]

Recoge principios básicos que rigen relaciones comerciales entre Estados, como son: promover la competencia leal y justa; establecer procedimientos de solución de controversias, incrementar las oportunidades de inversión, eliminar las barreras que afecten al comercio entre las naciones y estimular la producción nacional.

Procedimiento

En cuanto a la información que solicitará el Senado sobre la celebración de tratados, los artículos 5, 6, 7 y 8 establecen el siguiente procedimiento: el Senado, al inicio de cada periodo ordinario de sesiones, a través de las comisiones competentes o subcomisiones, requerirá un informe a cualquier organismo de la APF que represente a México en las negociaciones de un tratado, el informe se integrará por: *a)* razones para negociar así como las consecuencias de no hacerlo; *b)* beneficios y ventajas que se espera obtener de la negociación y la expectativa de cumplir con los objetivos que correspondan conforme al tratado que se pretende celebrar, y *c)* programa inicial del proceso de negociación calendarizado.

Algunos autores sostienen que es de difícil cumplimiento dar a conocer el programa inicial calendarizado, ya que las reuniones se agendan de acuerdo con el curso de las negociaciones.[79] Asimismo, las comisiones o subcomisiones deberán requerir a cualquier organismo de la APF que represente a México en las negociaciones de un tratado, con la anticipación necesaria a la fecha determinada para la firma correspondiente, un informe sobre el resultado final de las negociaciones, el que deberá contener: *a)* beneficios que se obtuvieron; *b)* alcances; *c)* compromisos, *d)* normas legales y administrativas que tendrían que modificarse.

[78] "Ley sobre la Aprobación de Tratados Internacionales en Materia Económica", en DOF, 2 de septiembre de 2004.

[79] *Cfr*. Jorge Palacios Treviño, *Tratados. Legislación y práctica en México*, 4ª edición, México, Universidad Iberoamericana, 2007, p. 109.

Capítulo cuarto

Sujetos de Derecho Internacional Público (DIP)

SUJETOS

Anteriormente muchos autores consideraban a los Estados como únicos sujetos del Derecho Internacional Público (DIP), sostenían: "es inconcebible que existan sujetos de derechos y deberes internacionales distintos de los Estados".[80] Sin embargo, con el transcurso de los años, se ha cuestionado la supremacía del Estado y su capacidad para proporcionar por sí solo bienestar. Bajo este contexto, nacen los organismos internacionales (OI), organismos especializados, gobiernos *de facto*, movimientos de liberación nacional, individuos, empresas transnacionales, bloques de Estados, instituciones internacionales no gubernamentales y sujetos especiales como El Vaticano.

ESTADO

El Estado es el sujeto de DIP por excelencia. De ahí la importancia de tener claro su concepto y características. Se le ha definido como la "organización social constituida en un territorio propio, con fuerza para manifestarse en él e imponer dentro de él un poder supremo de ordenación y de imperio, poder ejercido por aquel elemento social que en cada momento asume la mayor fuerza política"[81] o también: "un grupo de individuos establecidos sobre un territorio determinado y sujetos a la autoridad de un mismo gobierno".[82]

[80] Alejandro Rodríguez Carrión, *Lecciones de derecho internacional público*, 4ª edición, Madrid, Tecnos, 2001, p. 45.

[81] Manuel Ossorio, *Diccionario de ciencias jurídicas, políticas y sociales*, 35ª edición, Buenos Aires, Heliasta, 2007, p. 380.

[82] *Idem.*

Características

La Convención sobre Derechos y Deberes de los Estados (CDDE) o Convención de Montevideo, del 26 de diciembre de 1933, afirma que los Estados como personas del DIP deben reunir cuatro características:

- *Población permanente.* Presencia de una sociedad humana, así como su existencia y características.
- *Territorio determinado.* Espacio delimitado mediante fronteras que sirve de asiento permanente a dicha sociedad.
- *Gobierno.* Poder que se caracteriza por ser supremo, es decir, soberano, aplicado a toda su población; orden jurídico creado y definido que regula y estructura su población, con teleología particular y exclusiva consistente en la combinación del esfuerzo común de gobernantes y gobernados.
- *Capacidad de entablar relaciones con otros Estados.*[83] Entendiéndose que dicho Estado soberano estará representado por su gobierno interna y externamente.

Aunado a lo anterior, la opinión número uno del Comité de arbitraje de la Conferencia sobre Yugoslavia, mejor conocido como Comité de Badinter sostiene que: "[…] el Estado se define comúnmente como una comunidad que se compone de un territorio y una población sometida a una autoridad política organizada, que tal Estado se caracteriza por la soberanía".[84]

La soberanía, como parte del DIP, tiene tres características: externa, interna y territorial. La primera se refiere al derecho del Estado de determinar libremente sus relaciones con otros, ello mediante la aplicación de principios como la igualdad de derechos y libre determinación de los pueblos, con la finalidad de entablar relaciones de amistad entre los Estados, asegurando así la paz universal. La interna consiste en el derecho o competencia exclusiva de cada Estado para determinar sus propias instituciones, forma de gobierno, promulgar leyes, entre otras, aplicando el principio de no intervención, que obliga a los demás Estados abstenerse de inmiscuirse, ya sea de forma directa o indirecta, en los asuntos internos de otro, con la intención de afectar su voluntad. El aspecto territorial de la soberanía reside en el derecho de ejercer autoridad exclusiva sobre todas las personas y cosas que se encuentren dentro, debajo o por encima, pero con absoluto respeto a los derechos humanos (DH).

[83] *Cfr.* CDDE de 1933 (http://www.oas.org/juridico/spanish/tratados/a-40.html).

[84] Comité de Arbitraje Badinter, *Una segunda respiración para la autodeterminación de los pueblos*, 2014 (http://ejil.oxfordjournals.org.es.mk.gd/content/3/1/178.full.pdf).

Estados fallidos

Término polémico y ambiguo utilizado comúnmente para describir un Estado débil e ineficaz, cuyo gobierno central tiene poco control sobre su territorio, porque "no puede hacer cumplir sus leyes uniformemente debido a las altas tasas de criminalidad, corrupción extrema, un extenso mercado negro y/o informal, burocracia impenetrable, ineficacia judicial, interferencia militar en la política, grupos de poder fácticos que imponen sus decisiones sobre la aplicación de la ley",[85] etcétera.

Asimismo, se relaciona con la incapacidad de proveer transparencia y otros bienes políticos fundamentales, asociados con la estabilidad, seguridad física, instituciones políticas legítimas, administración de la economía y bienestar social.[86] Fund for Peace[87] señala como Estados fallidos a Sudán, Iraq, Somalia, Zimbabue, Chad, Costa de Marfil, Congo, Afganistán, Guinea, República Centroafricana y Haití, entre otros.[88]

Lamentablemente esa categoría se le ha adjudicado a México derivado de los altos índices de inseguridad, criminalidad y violencia; opacidad y corrupción, falta de transparencia y credibilidad en las instituciones; bajo desarrollo social y económico y alto endeudamiento; ausencia de bienestar; violaciones reiteradas a los DH, etcétera. Muestra de ello son el caso Ayotzinapa, Guerrero, y el de Tlatlaya, Estado de México, autodefensas en Michoacán; el endeudamiento excesivo de Estados y municipios; la baja del petróleo; la depreciación del peso; la "casa blanca" de Angélica Rivera; el caso del delegado de Iztapalapa, quien participa en un accidente vehicular en la camioneta de Amexire, empresa que tiene contratos millonarios con esa entidad.

Con referencia al caso Ayotzinapa se ha dicho que "es terrible que se caiga en ese tipo de cosas. A uno le da una sensación, visto a la distancia, de que se trata de una especie de Estado fallido, que los poderes públicos están perdidos totalmente de control, están carcomidos".[89] Al respecto, el papa Francisco mostró su preocupación por el avance del narcotráfico en Argentina, en una carta dirigida al legislador Gustavo Vera, en la que pidió evitar la mexicanización del

[85] Cámara de Diputados, LX Legislatura, *Estados fallidos: definiciones conceptuales*, 2009, p. 10 (http://www.diputados.gob.mx/sedia/sia/spe/SPE-ISS-07-09.pdf).

[86] *Ibidem*, pp. 24-25.

[87] Del inglés "Fondo por la Paz".

[88] Cámara de Diputados, LX Legislaturas, *Estados fallidos*..., *op. cit.*, p. 11.

[89] "México parece un Estado fallido, afirma Mujica; SRE lo niega y cita al embajador uruguayo", *Animal Político*, 2014 (http://www.animalpolitico.com/2014/11/la-distancia-mexico-parece-una-especie-de-estado-fallido-jose-mujica/).

país; escribió "estuve hablando con algunos obispos mexicanos y la cosa es de terror".[90]

Otros sujetos con base territorial

Territorios no autónomos

Los territorios no autónomos,[91] según la Carta de la Organización de las Naciones Unidas (ONU) (artículo 73), son aquellos cuyos pueblos no han alcanzado todavía plenitud de gobierno propio y están sujetos a la administración de un Estado, a un proceso de descolonización. El capítulo XI. Declaración relativa a territorios no autónomos consagra los derechos correlativos a las obligaciones de los Estados administradores respecto de los mismos (artículo 73).

En 1946, después de firmar la Carta, ocho de los miembros —Australia, Bélgica, Dinamarca, Estados Unidos, Francia, Nueva Zelanda, Países Bajos y Reino Unido—, tenían bajo su administración 72 territorios.[92] Confirmándose los propósitos y derechos consagrados en la Declaración Universal de los Derechos Humanos (DUDH), la Asamblea General (AG) aprobó el 14 de diciembre de 1960 la Declaración sobre la concesión de independencia a países y pueblos colonias (Resolución 1514(XV)), señalando que: la sujeción de pueblos a una subyugación, dominación y explotación extranjeras, constituye una denegación de los DH fundamentales; todos los pueblos tienen derecho a la libre determinación; a que los pueblos dependientes puedan ejercer pacífica y libremente su derecho de independencia completa; en los territorios en fideicomiso y no autónomos y todos los demás que no han logrado aún su independencia, deberán tomarse inmediatamente medidas para traspasar poderes a sus pueblos.

Complementaria a esta Declaración, la AG aprobó en ese mismo año la Resolución 1541 (XV). Principios que deben servir de guía a los Estados para determinar si existe o no la obligación de la información que se pide en el inciso e) del artículo 73 de la Carta, que define tres posibilidades legítimas del estatuto político que ofrecían plena autonomía: ser un Estado independiente y soberano; establecer una libre asociación con un Estado independiente, o integrarse a otro Estado.

[90] "El papa pide 'evitar la mexicanización' de Argentina por el narcotráfico", *CNN México*, 2015 (http://www.cnnmexico.com/mundo/2015/02/23/el-papa-pide-evitar-la-mexicanizacion-de-argentina-por-el-narcotrafico).

[91] Véase Comité Espacial de los 24, *Naciones Unidas y la descolonización. Territorios no autónomos*, 2014 (http://www.un.org/es/decolonization/nonselfgovterritories.shtml).

[92] *Cfr.* ONU, *ABC de Naciones Unidas*, 2012, pp. 347-348 (https://unp.un.org/Details.aspx?pid= 21382).

Estados diminutos

Los Estados con capacidad de obrar de forma limitada son aquellos países soberanos que su participación internacional está condicionada ya sea por su tamaño o por algún tratado internacional, en casos como el de San Marino, Liechstenstein, Mónaco y Andorra. Algunos autores han sugerido un requisito cuantitativo para otorgar dicho *estatus*, condicionando la participación dentro del sistema internacional de los Estados diminutos a su densidad poblacional. Al respecto, han situado el umbral poblacional en 500 mil o un millón de habitantes.[93]

SUJETOS *SUI GENERIS*

Santa Sede y Estado Ciudad del Vaticano

Existe la discusión acerca de si ésta es o no sujeto de DIP. Algunos autores consideran que la Ciudad del Vaticano (corriente monista), es la base territorial de la Santa Sede, aunque para otros (corriente dualista) no tiene dicha calidad. No cabe duda de su carácter territorial, dado que los Pactos de Letrán, del 11 de febrero de 1929 —negociados y firmados por el secretario de Estado (cardenal Pietro Gaspari) en nombre de la Santa Sede y del papa Pío XI (Achille Ambrogio Damiano Ratti) con el primer ministro italiano (Benito Mussolini), en nombre del rey Víctor Manuel III—, le proporcionaron ese reconocimiento.

De esta forma restauraron el carácter de Estado para dicha porción de Roma y, por ende, para la Iglesia católica su independencia y soberanía. Este pacto fue confirmado, por ejemplo, por España: Acuerdo entre el Estado español y la Santa Sede sobre asuntos jurídicos (1979); Acuerdo entre el Estado español y la Santa Sede sobre enseñanza y asuntos culturales (1979); y Acuerdo entre el Estado español y la Santa Sede sobre la asistencia religiosa a las Fuerzas Armadas y el servicio militar de clérigos y religiosos (1979). Otros han sido firmados por el Estado de la Ciudad del Vaticano, como la Convención Postal Universal del 11 de julio de 1952, en Bruselas. A la fecha mantiene relaciones diplomáticas con 179 países, incluyendo México, y es observador permanente de la ONU.

[93] *Cfr.* Kepa Sodupe, *Poder e interdependencia en el sistema internacional, 1950-1995: bases para un estudio cuantitativo*, Madrid, Fundamentos, 2000, p. 20.

ELEMENTOS

La Ciudad del Vaticano cuenta con:

Territorio. espacio geográfico ubicado dentro de Roma, lo cual queda reglamentado en el artículo 4 del Tratado de Letrán:[94] comprende 44 hectáreas. El artículo 7 estipula que está prohibido a las aeronaves sobrevolar este territorio. *Población*. La residencia se deriva (artículo 9) de la relación del cargo, oficio o empleo, siempre que se trate de dignidades eclesiásticas para quienes está prescrita su concesión de ciudadanía. Como se ve, no se siguen los tradicionales criterios generales dentro del derecho de nacionalidad: el *jus soli* (lugar de nacimiento) o *jus sanguinis* (nacionalidad de los padres).
Gobierno. El artículo 26 expresa la necesidad de "asegurar a la Santa Sede que pueda obrar con la debida libertad e independencia en el gobierno pastoral de la diócesis de Roma, de la Iglesia en Italia y el mundo".[95]

TERRITORIOS BAJO ADMINISTRACIÓN FIDUCIARIA O MANDATO

La Sociedad de Naciones (SDN) incorporó al DIP la figura del mandato. Siendo un sistema de administración, el artículo 22 del Pacto de la SDN,[96] estableció tres tipos:

- *Mandato tipo A*. Este grupo se integraba por algunas comunidades que pertenecían antes al Imperio otomano, habían alcanzado un grado de desarrollo que hacía posible el reconocimiento provisorio de su existencia como naciones independientes.
- *Mandato tipo B*. Territorios cuya independencia no podía ser resuelta por su bajo grado de desarrollo, especialmente los de África central.
- *Mandato tipo C*. Territorios del sudoeste africano y ciertas islas del Pacífico Austral, que por su baja densidad poblacional, alejamiento de los centros de civilización y su continuidad geográfica con el país mandatario, se rigen por las leyes de éste.

[94] Tratado de 1929 entre la Santa Sede e Italia (http://www.vaticanstate.va/content/dam/vaticanstate/documenti/leggi-e-decreti/TratadoentrelaSantaSedeeItalia.pdf).

[95] *Idem*.

[96] Firmado en Versalles, 28 de junio de 1919. Entrada en vigor: 10 de enero de 1920. Fecha de extinción: 18 de abril de 1946.

Con la extinción de la SDN y creación de su sucesora la ONU, estos mandatos fueron reemplazados por el régimen de administración fiduciaria (cap. XII. de la Carta), bajo la dirección del Consejo de Administración Fiduciaria (CAF) (cap. XIII. de la Carta). El régimen se aplica, según el artículo 77 de la Carta, a los territorios de las siguientes categorías que se colocaren bajo dicho estatus por medio de los correspondientes acuerdos: territorios con mandatos establecidos por la SDN después de la Primera Guerra Mundial; territorios que, como resultado de la Segunda Guerra Mundial, fueren segregados de Estados enemigos; y territorios voluntariamente ubicados bajo este régimen por los Estados responsables de su administración.

MOVIMIENTOS BELIGERANTES E INSURRECTOS

Existen "grupos rebeldes que controlan de modo estable parte del territorio de un Estado",[97] denominados movimientos beligerantes.[98] Cuentan con derechos y obligaciones a nivel internacional y gozan de subjetividad jurídica; de ahí que se consideren sujetos de DIP. Son provisionales ya que su estatus desaparece con la terminación de la guerra civil, o bien cuando la insurrección es aplastada o llega a controlar todo el territorio, transformándose de gobierno local en gobierno *de facto* general. Cuando se encuentra en sus inicios se denomina insurgente, pero si progresa y tiene posibilidades de éxito se le puede reconocer como beligerante.[99] Este reconocimiento, ya sea por el Estado en situación de crisis o por terceros, "es un acto unilateral discrecional poco frecuente y que sólo se puede utilizar en fases avanzadas del conflicto".[100]

Si el Estado en crisis o terceros hacen el reconocimiento, se puede exigir al Estado y al movimiento que cumpla las reglas del DIP durante el conflicto. Los terceros Estados pueden tener intereses en el territorio ocupado por los sublevados y necesidad de proteger a sus nacionales. Les permite también poderse beneficiar del estatus de neutralidad. Existen requisitos para que un grupo insurgente pueda reconocerse como movimiento beligerante, tales características son: existencia de un Estado en conflicto armado de carácter general, no local; ocupación de una parte sustancial del territorio, por parte del movimiento insurgente; que las hostilidades se lleven conforme a normas de Derecho Internacional Humanitario (DIH).

[97] Víctor Manuel Sánchez *et al.*, *op. cit.*, p. 26.
[98] Del latín *beligerans-antis*; de *bellum*, guerra y *gerere*, sustentar.
[99] *Ibidem*, pp. 26-27.
[100] *Idem*.

Algunos autores agregan el hecho de que estos movimientos revistan importancia y continuidad, así como la ausencia de cualquier injerencia extranjera, tratándose de algo puramente nacional. El protocolo adicional a las Convenciones de Ginebra (CG) del 12 de agosto de 1949 relativo a la protección de las víctimas de los conflictos armados sin carácter internacional (Protocolo II), en su artículo 1.1, sostiene que deberán desarrollarse en el territorio de una Alta Parte contratante entre sus fuerzas armadas y las fuerzas armadas disidentes o grupos armados organizados que, bajo la dirección de un mando responsable, ejerzan sobre una parte de dicho territorio un control que les permita realizar operaciones militares sostenidas y concertadas. Si un movimiento cuenta con esta característica y se reconoce como beligerante, deberá aplicar las reglas del DIH, y será responsable internacionalmente por los actos de las autoridades beligerantes. Asimismo, el Protocolo II especifica que este instrumento no será adaptable cuando se trate de (artículo 1.2) situaciones de tensiones internas, disturbios tales como motines, actos esporádicos, aislados de violencia y otros análogos, que no son considerados conflictos.

Movimientos de Liberación Nacional (MLN)

Son "formas organizadas de resistencia frente a la ocupación colonial o dominación extranjera, han sido vistos como representantes que ejercían en nombre del pueblo sometido, los derechos de los que éste es titular en virtud del principio de libre determinación de los pueblos",[101] cuentan con subjetividad provisional, ya que al alcanzar su independencia se transforman en otro sujeto del DIP: el Estado. Se han definido como "el grupo político organizado con aspiración estatal que canaliza la lucha de un pueblo por la realización del derecho de libre determinación frente a la potencia colonial".[102] característica que los diferencia de otros insurgentes que se encuentran fuera del marco de la descolonización. La ONU jugó un papel fundamental en dicho proceso. El 12 de diciembre de 1960, mediante la Resolución 1514 (XV), de la AG, emitió la Declaración de Garantías de Independencia para las Colonias y Pueblos. Cabe mencionar que muchos países al obtener su independencia, optaron por ser miembros de la ONU.[103] Asimismo, los MLN como sujetos del DIP han adquirido diversos beneficios y facultades:

[101] Víctor Manuel Sánchez, *op. cit.*, p. 49.

[102] Juan Carlos Pereira, *Diccionario de Relaciones Internacionales y Política Exterior*, Madrid, Ariel, 2008, p. 628.

[103] *Cfr.* Declaración de Garantías de Independencia para las Colonias y los Pueblos de 1960 (http://www.un.org/es/comun/docs/?symbol=A/RES/1514(XV)&Lang=S&Area=RESOLUTION).

- Pueden ser admitidos como miembros de pleno derecho en algunas OI, la Organización para la Liberación Palestina (OLP) forma parte de la Liga de Estados Árabes y el Fondo Monetario Árabe. El 29 de octubre de 2014, el Reino de Suecia reconoció a Palestina como Estado, siendo el primer miembro de la Unión Europea (UE) en hacerlo. En 2012, México votó a favor de que Palestina fuera nombrado *Estado observador no miembro* de la ONU, es decir, no lo reconoce como tal, pero desde 1975 las autoridades palestinas mantienen una representación diplomática en nuestro país, y a partir de 2005 estableció una oficina de representación ante la OLP en Cisjordania.[104]
- Pueden disfrutar del derecho de enviar y recibir agentes diplomáticos en la porción del territorio nacional que ocupen, por lo cual deben respetar todas las normas del DIP aplicables a los representantes diplomáticos.
- Cuentan con la capacidad de celebrar AI con cualquier Estado u OI que los haya reconocido como sujetos de DIP.
- Gozan del "derecho a usar de la fuerza para la realización del derecho de autodeterminación".[105] Derivado de la Resolución 2625 (XXV), que señala: "Todo estado tiene el deber de abstenerse de recurrir a cualquier medida de fuerza que prive de su derecho a la libre determinación y a la libertad y a la independencia de los pueblos aludidos en la formulación del principio de la igualdad de derechos y de la libre determinación",[106] se ha deducido que el uso de la fuerza por los pueblos en pro de su independencia no es violatorio de dicha prohibición.

Así también, el DIP establece obligaciones que deben cumplir:

- Aplicar las normas del DIH, es decir, las CG de 1949 y el Protocolo I, que sostiene: artículo 1: Principios generales y ámbito de aplicación. "Las situaciones a que se refiere el párrafo precedente comprenden los conflictos armados en que los pueblos luchan contra la dominación colonial y la ocupación extranjera y contra los regímenes racistas, en el ejercicio del derecho de los pueblos a la libre determinación, consagrado en la Carta de la ONU y en la 'Declaración sobre los principios de DI referentes a las relaciones de amistad y a la cooperación entre los Estados de conformidad con la Carta

[104] *Cfr.* en *Aristegui Noticias*, "Votó México a favor de Palestina aunque no lo reconoce como Estado", 2012 (http://aristeguinoticias.com/2911/mundo/voto-mexico-a-favor-de-palestina-aunque-no-lo-reconoce-como-estado/).

[105] Juan Carlos Pereira, *op. cit.*, p. 630.

[106] Declaración sobre los principios de DI referentes a las relaciones de amistad y a la cooperación entre los Estados de conformidad con la Carta de la ONU de 1970 (http://daccess-dds-ny.un.org/doc/RESOLUTION/GEN/NR0/352/86/IMG/NR035286.pdf?OpenElement).

de la ONU'".[107] Cabe mencionar que esta clase de conflictos no se encuentran regulados por el Protocolo II (1977), relativo a la protección de las víctimas de los conflictos armados sin carácter internacional.

En consecuencia, se les podrá exigir el cumplimiento de sus obligaciones y, por tanto, serán responsables internacionalmente.

Empresas transnacionales

Ni duda cabe la trascendencia y el papel devastador que juegan la mayoría de las empresas transnacionales en el ámbito de los países en los que operan, por su impacto político, financiero, ambiental, económico, social y jurídico, cada vez más intervencionistas bajo el modelo neoliberal impuesto por las grandes potencias. Algunos autores sostienen que pueden ser consideradas sujetos del DIP, sin embargo, la mayoría de los tratadistas afirman que son sujetos de derecho privado y actores de la sociedad internacional, en virtud a la geopolítica. Pero todos coinciden en la necesidad de regular sus actividades, principalmente cuando tienen como objetivo los energéticos. Nos referimos a las grandes petroleras como: Exxon Mobil, Chevron, BP, Shell y Repsol, entre otras, las cuales con la Reforma energética de 2014 en nuestro país podrán invertir y explotar en aguas profundas y obtener gas esquisto, mediante el *fracking* o fracturación hidráulica. Éste es un procedimiento cuyo impacto ambiental es irreparable, tanto por la cantidad de agua que utilizan como por la contaminación sonora, de la atmósfera, los mantos acuíferos, gases y químicos.[108]

La reforma que pregonaba mejorar la infraestructura petrolera, permitirá que el gobierno: quite a Petróleos Mexicanos (Pemex) la operación de todos los yacimientos, y con ello la posibilidad de adquirir mayor capacidad de ejecución y tecnología; traspase una parte importante de la renta a entes privados, mediante contratos y concesiones; y entregue en asociación los activos de industrialización de crudo a particulares a precios risibles. Es el desmantelamiento y remate de Pemex, no su modernización.[109]

De ahí la importancia de que dichas transnacionales sean reguladas por el DIP, ya que realizan operaciones económicas mixtas, bajo instrumentos jurídi-

[107] "Protocolo Adicional a los Convenios de Ginebra de 1949 relativo a la protección de las víctimas de los conflictos armados internacionales (Protocolo I) de 1977" (https://www.icrc.org/spa/resources/documents/misc/protocolo-i.htm).

[108] *Cfr.* Alfredo Jalife-Rame, *Muerte de Pemex y suicidio de México*, México, Orfila, 2014, pp. 12-17.

[109] *Cfr.* Ricardo Monreal Ávila, *Privatización del petróleo. El robo del siglo*, México, s.e., 2014, p. 100.

cos que pueden considerarse convenios cuasi internacionales o contratos con gobiernos, tanto en el ámbito público como privado; las diferencias surgidas de las actividades de empresas transnacionales se dirimen en OI como el Centro Internacional de Arreglo de Diferencias Relativas a Inversiones (CIADI), y participan en algunas OI como miembros afiliados. Es el caso de Unión Internacional de Telecomunicaciones (UIT), órgano especializado de la ONU para las tecnologías de la información y comunicación, cuyo objetivo es elaborar normas técnicas que garanticen la interconexión de las redes y atribuir espectros radioeléctricos y órbitas de satélite a nivel mundial y que por su propia naturaleza permite la participación del sector privado.[110]

Organizaciones no gubernamentales (ONG)

La Organización de las Naciones Unidas para la Educación, la Ciencia y la Cultura (UNESCO) ha definido a las ONG como cualquier OI no creada en virtud de un acuerdo intergubernamental, cuyos propósitos y funciones no tengan carácter gubernamental. El Consejo Económico y Social (Ecosoc) sostiene que cualquiera que no sea establecida por acuerdos intergubernamentales, incluyendo organizaciones que acepten miembros designados por autoridades gubernamentales, siempre y cuando esta calidad de miembro no interfiera con la libre expresión de sus opiniones. Características: carecen de fines lucrativos, aunque ello no les prohíbe vender su labor; responden a la voluntad de sus fundadores y posteriores dirigentes, marginalmente de los intereses y políticas gubernamentales; mantienen abierto el ingreso de ciudadanos que deseen asociarse y se rigen por sistemas democráticos de elección de cargo; promueven actividades de recaudación de fondos y apoyo material, sensibilizan a la opinión pública.

Algunos autores señalan que son actores de la sociedad mundial sin llegar a ser sujetos del DIP. Sin embargo, otros sostienen su subjetividad basándose en las relaciones que entablan algunas OI con las mismas.[111] Ejemplo de ello es Amnistía Internacional, movimiento global con más de 3 millones de simpatizantes y activistas en 150 países, la cual busca poner fin a las violaciones de los derechos humanos, trabaja para mejorar la vida de las personas a través

[110] Véase todo lo relativo a la reforma mexicana en materia de comunicaciones, radio, televisión y apertura de redes en el ciberespacio en Monreal Ávila, Ricardo *Reformas estructurales, mitos y realidades*, México, Cámara de Diputados LXII legislatura-M.A. Porrúa, 2014, p. 274; *cfr.* Víctor Manuel Sánchez, *op. cit.*, p. 212.

[111] *Cfr.* Ramiro Acosta Cerón, *Los nuevos sujetos del derecho internacional,* Quito Abya Yala, 2002, p. 200.

de campañas de solidaridad y con ello ejercer presión sobre gobiernos, grupos políticos, empresas y organismos gubernamentales en temas como: violencia contra las mujeres, personas en pobreza extrema, pena de muerte, tortura, refugiados y migrantes, etcétera.[112]

Human Rights Watch también es una organización no gubernamental dedicada desde hace más de 30 años a la defensa y protección de derechos humanos en cualquier parte del mundo. Tiene como objetivos: elaborar investigaciones en aquellos lugares donde se violan gravemente los derechos humanos y busca incidir en las políticas estatales mediante la toma de acciones encaminadas a presionar a los gobiernos.[113]

No podemos dejar de mencionar a Greenpeace, organización ambientalista que se mantiene exclusivamente de donaciones de personas físicas, no recibe dinero de gobiernos, empresas, iglesias o partidos políticos, por lo que tiene total independencia económica y política. Su objetivo es cuidar al planeta con acciones directas no violentas y de resistencia civil pacífica, con el fin de denunciar delitos ambientales e incidir en las políticas públicas de los países.[114]

Organismos intergubernamentales (OI)

Un OI es toda asociación de Estados establecida por acuerdo de sus miembros, dotada de un aparato permanente, que asegura la consecución de sus objetivos, por lo que su razón de ser es funcional. Se crean mediante adopción de un tratado firmado por los Estados parte, los cuales la dotan de personalidad. Ésta supone gozar de derechos que le competen a sus miembros y difieren unos de otros.

Asimismo, su carácter funcional, fines y necesidad de dar cumplimiento a los mismos condicionarán su personalidad. A *contrario sensu*, aquellas cuyas actividades sean desarrolladas en el campo del derecho interno no deben ser consideradas de manera alguna con dicha personalidad. Algunos tratadistas les negaron la subjetividad señalando que se constituían por Estados, quienes eran los únicos sujetos del DIP. Otros argumentaban que carecían de elementos constitutivos: territorio, población y poder soberano.

Actualmente nadie pone en duda su subjetividad, la discusión quedó dirimida el 11 de abril de 1949, con la opinión consultiva de la Corte Internacional de Justicia (CIJ) en el Caso Folke Bernadotte sobre la reparación de daños

[112] *Cfr*. Amnistía Internacional (http://amnistia.org.mx/).
[113] *Cfr*. Human Rights Watch (http://www.hrw.org/es).
[114] *Cfr*. Greenpeace (http://www.greenpeace.org/mexico/es/).

sufridos al servicio de la ONU, en la cual se afirma categóricamente no sólo la personalidad internacional de las organizaciones, sino también su capacidad de obrar incluso respecto a Estados no miembros.[115]

INDIVIDUOS

La subjetividad del individuo se refiere al ser humano como titular de derechos y obligaciones con capacidad de obrar en el plano internacional. A partir de 1945 se inició un proceso de humanización del DIP, "tras la Segunda Guerra Mundial, los DH fueron uno de los pilares básicos de la convivencia de la sociedad internacional y eso hizo que el respeto a los DH sea un objetivo clave del DI contemporáneo".[116] Instrumentos jurídicos de suma importancia en este ámbito son: la Carta de la ONU, la DUDH del 10 de diciembre de 1948 y, en el ámbito geográfico más restringido, la convención para la salvaguarda de los derechos del hombre y de sus libertades fundamentales firmada en Roma el 4 de noviembre de 1950.

Mediante acuerdos internacionales han sido creadas normas dirigidas a la protección de intereses individuales. Correlativamente aquéllos, quienes las violen se les impone una determinada sanción. El individuo, por tanto, goza de derechos reconocidos por vía internacional y se les imponen también obligaciones. Las normas protectoras de la vida incluyen prohibición de piratería, uso de gases asfixiantes y tóxicos, sobre prevención y represión del crimen de genocidio, contenidas en la Convención del 9 de diciembre de 1948; protectoras del trabajo, como la Sección XIII del Tratado de Versalles, instituyendo a la Organización Internacional del Trabajo (OIT); de su libertad, entre las que caben señalar la prohibición de trata de personas; de su moralidad y salud, tales como producción y tráfico de estupefacientes y represión de circulación de publicaciones obscenas, etcétera.

A partir de la Segunda Guerra Mundial se abre paso la tendencia de conceder la protección, no a determinadas minorías, como en el régimen de la SDN, sino a la persona, ello se manifiesta en la DUDH de 1948, que es de carácter declarativo, no vinculante; sin embargo, por el apoyo expreso y unánime, tiene valor jurídico, pues el respeto a sus principios es práctica que lleva aparejada

[115] Cfr. CIJ, caso Folke Bernadotte, Reparación de daños sufridos al servicio de la ONU, Resúmenes de fallos, opiniones consultivas y providencias de la CIJ (1948- 1991), 2014 (http://legal.un.org/ICJsummaries/documents/spanish/ST-LEG-SER-F-1_S.pdf).

[116] José Escribano Úbeda-Portugués, *Breve introducción al derecho internacional público*, Barcelona y AEBIUS, 2011, p. 75.

una *opinio iuris*. Por tanto, es considerada fundamento de normas de DH. Basándose en los logros de la Declaración y como forma de su instrumentación, en 1976 entraron en vigor el Pacto Internacional de Derechos Civiles y Políticos (PIDCP) con sus dos Protocolos facultativos, y el Pacto Internacional de Derechos Económicos, Sociales y Culturales (PIDESC).[117] A nivel regional encontramos la IX Conferencia de 1948, en Bogotá, dando origen a la Organización de Estados Americanos (OEA) por medio de su Carta constitutiva y el Tratado Americano de Soluciones Pacíficas (TASP) y la Declaración Americana de los Derechos y Deberes del Hombre (DADDH). El Convenio de Roma del 4 de noviembre de 1950 para la Protección de los DH y de las libertades fundamentales, adoptada por el Consejo de Europa, así como el tratado que crea la Corte Penal Internacional (CPI), con sede en La Haya, firmado el 17 de julio de 1998.

[117] *Ibidem*, p. 480.

Capítulo quinto

El Estado-nación

Estado

La conceptualización de Estado es labor compleja, particularmente al considerarse que la ciencia política regula la teoría del Estado, pero el derecho, la economía o la sociología jurídica también han establecido múltiples y aún contrastantes definiciones, derivado de fenómenos sociales, políticos, jurídicos o económicos, a su vez producto histórico-ideológico de las organizaciones humanas en diferentes estudios del desarrollo. De ahí la conveniencia metodológica de revisar conceptos para los propósitos de su acertada definición y naturaleza, que sirvan propiamente a los fines del Derecho Internacional Público (DIP).

Población

Este término viene del latín *populatio, -onis,* que significa "acción y efecto de poblar",[118] o "conjunto de personas que habitan la tierra o cualquier división geográfica de ella".[119] Como parte del Estado tiene contenido cualitativo y cuantitativo y también lo estudia la demografía (*demos*, pueblo; y *graphier*, describir), que se ocupa de los procesos de formación, conservación y desaparición de poblaciones, tales como natalidad, mortalidad y movilidad. También es término aritmético y estadístico con el cual se ubica a los seres humanos que en determinado momento se encuentran en el territorio de un Estado, por lo que en sentido político-jurídico, el concepto sociológico se puede identificar con la estructura formal del llamado pueblo.

[118] RAE, *op. cit.*, p. 1627.
[119] *Idem.*

Territorio

Proviene del latín *territorium*, es una "porción de la superficie terrestre que pertenece a un país, una provincia, una región, etcétera".[120] Es aquella parte fundamental donde se asienta un Estado; siendo la plataforma del Estado, también se utiliza para nombrar a la tierra que posee o controla una persona, una organización o una institución. En consecuencia, la Carta de la Organización de las Naciones Unidas (ONU) en su artículo 2, sostiene: los miembros de la organización se abstendrán de recurrir a la amenaza o al uso de la fuerza contra la integridad territorial de cualquier Estado.[121]

Tiene importancia especial tanto para el derecho interno como para el DIP; el Estado ejerce soberanía plena, absoluta o positiva sobre sí mismo y por lo tanto, sobre todas las personas y cosas que se encuentran dentro de su jurisdicción, teniendo como límite de su actuación el respeto a los derechos humanos (DH). Ningún Estado puede pretender ejercerla impunemente en otro. Es inviolable y no puede ser objeto de ocupación ni adquisición como resultado del uso de la fuerza. Tampoco ser objeto de servidumbres permanentes o temporales. Los tratados que imponen restricciones a la soberanía se consideran nulos de pleno derecho. Siendo un espacio tridimensional, sus límites se deben perfilar entre vecinos y altamar, en aire y bajo tierra, en forma inequívoca frente a los demás Estados.

Por lo tanto, son tres clases de territorio que la geopolítica señala como pertenencia del Estado: terrestre constituido por tierra firme y subsuelo de los continentes e islas; acuático que se descompone en marítimo, fluvial o lacustre, según recaiga en ríos, lagos o mares (regulados por el derecho del mar); y aéreo (materia del derecho aéreo y del espacio ultraterrestre) constituido por una columna que excede la elevación continua de las capas de la atmósfera sin solución de continuidad, además de buques de guerra, aeronaves y sedes diplomáticas en el extranjero (extraterritorialidad).[122]

Visto desde la geopolítica es vital, ya que éste determina la ubicación de los recursos (petróleo, gas, uranio, ciberespacio, fuentes alternas de energía: solar, eólica, geotérmica, marítima, hidráulica), área de influencia, economía, etcétera, y el Estado es su representante como sujeto político, diplomático y estratégico.[123]

[120] *Ibidem*, p. 1969.

[121] *Cfr.* Carta de la ONU de 1945 (http://www.un.org/es/documents/charter/).

[122] *Cfr.* Ángel Luis Sánchez Marín, *Principios de teoría del Estado*, s.l., LibrosEnRed, 2002, p. 152.

[123] Véase Alfredo Jalife-Rahme, "La financiarización del orden global por EU: Wall Street desplaza a la ONU", en *La Jornada*, Bajo la lupa, 2015 (http://www.jornada.unam.mx/2015/02/18/opinion/018o1pol).

Tan es así que, por ejemplo China, el cuarto país más grande del planeta, cuyo crecimiento económico ha impactado al mundo, es actualmente la segunda economía global en términos de producto interno bruto y cuyo lugar geográficamente estratégico le ha permitido impulsar relaciones comerciales con Asia central y Europa oriental, así como con países al otro lado del océano Pacífico.[124] Ha desarrollado una política exterior basada en cuatro pilares: "mantenimiento de su integridad territorial, reconocimiento por la comunidad internacional como la única China, fomento del desarrollo económico en el país e incremento de su prestigio internacional".[125]

Con México, el acercamiento económico ha ido en ascenso. Nuestro país se ha consolidado como el segundo socio comercial de China en América Latina y el mayor destino de exportación del Estado asiático. Sin embargo, la relación cultural, tecnológica y educacional es todavía deficiente; en 2008 los alumnos mexicanos que estudiaron chino fueron apenas 3,500 y se cuenta con 70 profesores, de los cuales 26 son docentes y voluntarios de origen chino.[126]

Gobierno

La Teoría del Estado manifiesta que se entienden como formas de gobierno al complejo de instrumentos que se articulan para conseguir finalidades comunes y por tanto, elementos que miran hacia la titularidad y el ejercicio de funciones soberanas atribuidas a los órganos constitucionales, en el supuesto de que no deben concentrarse, sino repartirse; además, hay que entender las inevitables relaciones entre órganos que lo utilizan.[127]

En nuestros días, con base en el concepto de titularidad del ejercicio de las funciones del Estado, se habla de gobiernos democráticos y autocráticos. En el primer grupo se ubican las monarquías constitucionales, repúblicas presidencialistas y la república dictatorial o monarquía no democráticas. Aquéllas comparten la preeminencia de ciertos órganos constitucionales. En tanto que en la segunda clasificación, ésta se caracteriza por el principio con tendencia a la concentración del poder y por el rechazo al pluralismo partidario y de oposición, comprende la democracia considerada como una unión personal en el

[124] *Cfr.* Eduardo Roldán Acosta, "Política y cooperación en acción. China en el noreste asiático: las grandes potencias y el problema intercoreano", en Raquel Isamara León de la Rosa y Juan Carlos Gachúz Maya, *Política exterior china: relaciones regionales y cooperación*, México, Piso 15 Editorial, 2015, pp. 149-154.

[125] *Ibidem*, p. 248.

[126] *Ibidem*, pp. 359-361.

[127] *Cfr.* Jorge Tula *et al.*, *Diccionario de Política*, México, Siglo XXI, 2000, pp. 41-44.

vértice del ejecutivo y del partido único y la colegiada, cuando se trata del ejercicio de poder en forma colectiva, como en los casos de juntas militares, comités, consejos revolucionarios, etcétera.

Soberanía

El Estado ejerce dentro de su dominio territorial un poder superior que se caracteriza por la jerarquía de preeminencia en dicho ámbito y de independencia en lo externo, originados y apoyados en este principio; elemento básico del Estado moderno que tiene un origen remoto, como resultado de una amplia evolución histórica, dentro de los diferentes grupos humanos. Este término se caracteriza por su contenido político-jurídico reconocido por todos, por lo tanto, siendo un elemento constitutivo, es a su vez el que sustenta al poder como principio exclusivo y supremo. Concepto que surge de la necesidad de explicar múltiples acontecimientos históricos relacionados con el legítimo ejercicio del poder, primero de los gobernantes y después de los Estados. Sin embargo, tienen que respetar los DH y dar informes a los organismos internacionales (OI) acerca de su evolución.

El carácter dual es consustancial con la vigencia del Estado. Nos permite diferenciar sus dos expresiones en la construcción y existencia misma. Si bien la soberanía también es materia de la ciencia política, particularmente la interna se vincula a la organización del poder, además de las referencias a las estructuras jurídico-constitucionales. La externa, objeto de este estudio, se vincula al orden del DIP. Desde este aspecto se manifiesta como "un sujeto autodeterminado frente a otros sujetos que forman la comunidad de Estados. La autolimitación y autodeterminación decididas por el pueblo son consagradas en su constitución. Hoy día: transparencia, rendición de cuentas, calidad democrática y ciudadanía, postulada por las convenciones sobre DH,[128] son parte de nuestra Carta Magna y reflejo de esta autodeterminación.

Reconocimiento de Estados

Es el acto jurídico unilateral por el cual un Estado le atribuye a otro personalidad internacional. Es trascendente porque incorpora a nuevos Estados a la comunidad. Consecuencia inmediata, virtud de una presunción *juris et de jure*,[129] la

[128] Justino Lozano Alvarado, "La construcción de ciudadanía indígena en México", en Juan José Russo Foresto (coord.), *Calidad democrática, formación ciudadana y comportamiento electoral*, México, IFE-Conacyt, 2010, pp. 295-322.

[129] Locución latina que significa "de pleno y absoluto derecho".

obligación del Estado reconocido de acatar los derechos fundamentales de los demás, contenidos en tratados y convenciones, observar los principios generales de DIP. Sin embargo, la existencia política del Estado no depende del reconocimiento, al asentarse aquél a las circunstancias internas de la acción del pueblo para el ejercicio soberano del poder. Pero otorga al Estado su presencia internacional, como lo expresa el artículo 13 de la Carta de la Organización de Estados Americanos (OEA): "La existencia política del Estado es independiente de su reconocimiento por los demás Estados. Aun antes de ser reconocido, el Estado tiene el derecho de defender su integridad e independencia, proveer a su conservación y prosperidad".[130] Esto se apega a los postulados de la teoría declarativa y se encuentra en contraposición a la constitutiva.

Teorías declarativa y constitutiva

La *declarativa* afirma: "la existencia política de un Estado es independiente del reconocimiento por otros",[131] no cuenta con ningún efecto, por medio de éste se acepta una situación de hecho; es decir, no genera su existencia, en todo caso se acepta; o bien, la existencia previa del Estado sugiere el reconocimiento, y de no adquirirse no afecta el hecho real de su existencia. En todo caso sirve a los propósitos del Estado, que reconoce para entrar en relaciones con el nuevo Estado, de acuerdo con el marco del orden normativo-jurídico internacional.

La *constitutiva* sostiene: "un Estado adquiere ese carácter a través del reconocimiento de otros Estados".[132] Lo cual en principio estaría inhibiendo los derechos fundamentales y constitucionales que le dan origen, a partir del ejercicio soberano del pueblo, y no tendría los beneficios del DIP —aun sin ser reconocido como parte del mismo— en cuanto a sus derechos de existencia, independencia y paz que le son reconocidos de manera inherente.

Características

El reconocimiento tiene las siguientes características:

- *Irrevocabilidad.* Aunque es un acto unilateral por parte del Estado que lo otorga, crea la relación jurídica entre el otorgante y el reconocido. No puede ser disuelta por la voluntad unilateral del Estado otorgante. Y si el Estado

[130] Carta de la OEA de 1948 (http://www.oas.org/dil/esp/tratados_A-41_Carta_de_la_Organizacion_de_los_Estados_Americanos.htm).

[131] José Luis Vallarta Marrón, *Derecho Internacional Público, op. cit.*, p. 114.

[132] *Idem.*

reconocido incurriera *a posterori* en incumplimiento de sus obligaciones, sería responsable internacionalmente.

- *Facultativo.* Se trata de un acto unilateral y discrecional en el que influyen casi siempre motivos de política internacional, y ningún Estado puede exigir a otro que lo reconozca; por su propia naturaleza, no constituye una obligación, es un acto libre, ya que cada Estado decide cuando admitir o no a un pueblo como sujeto de DIP.
- *Oportunidad.* No existe una norma jurídica establecida, depende de circunstancias políticas. Sin embargo, se acepta la regla diplomática de que es oportuno cuando no es prematuro ni tardío. Un reconocimiento apresurado pondría en tela de juicio el criterio con que son juzgadas las condiciones de estabilidad y responsabilidad internacionales del nuevo Estado. Uno moroso se expondría a que dicha actitud se interpretase desfavorablemente.
- *Fecha.* Se toma en consideración cuando el acto se realiza. No hay, sin embargo, inconveniente en que se haga retroactiva al día de su constitución.
- *Forma.* No existe una preestablecida. Comúnmente se realiza de forma expresa, pero puede ser inferido implícitamente de una serie de actos que tienen ese efecto, cuando su significado inequívoco exteriorizan la voluntad de un Estado de reconocer al otro.
- *De jure* o *de facto. De jure* cuando una personalidad es definitiva y plenaria; *de facto*, temporal o limitada a ciertas relaciones.
- *Efectos.* Tiene efecto atributivo, brinda personalidad a los Estados.

Reconocimiento de gobiernos

Así como el reconocimiento es indispensable para determinar la personalidad del Estado, también del gobierno para mantener sus relaciones. Es un acto del Estado que suele concederse o negarse después de un cambio fuera de lo previsto por la Constitución del país del que se trate, o cuando el cambio de gobierno es constitucional y las relaciones continúan.[133] De ahí que la doctrina identifica dos tipos: reconocimiento a un gobierno *de facto* y reconocimiento a un gobierno *de jure*. El primero se deriva del hecho del control político por parte de algún grupo sobre la mayoría del territorio del Estado, y el segundo del establecimiento constitucional del mismo, que respeta las obligaciones contraídas por el gobierno *de facto*.

En el reconocimiento de gobiernos, una vez que se constituye uno nuevo, se debe comunicarlo a los demás. Los gobiernos extranjeros deben aquilatar la importancia de la transformación o cambio operado y proceder, respecto del

[133] *Ibidem*, p. 116.

nuevo gobierno, a comprobar sus posibilidades de estabilidad futura y apreciar su capacidad de cumplimiento de obligaciones internacionales. Si consideran que tales circunstancias son propicias, se allanan a otorgarlo. Tienen generalmente en cuenta la efectividad del ejercicio de las funciones propias del Estado, antes que la legitimidad del título del gobierno.

La forma es expresa cuando se realiza por medio de una comunicación escrita o de una manifestación verbal que se protocoliza como declaración autorizada en una reunión internacional. Es tácita cuando surge de actos que hacen presumir una intención inequívoca. Tal sería el mantenimiento de relaciones diplomáticas o la celebración de un acuerdo. No obstante, la Resolución XXXV de la 9ª Conferencia Interamericana sancionó el principio de la continuidad de las relaciones diplomáticas entre los Estados, así como el derecho de mantenerlas, suspenderlas o reanudarlas; no podría ejercerse como instrumento de política internacional, ni importaría pronunciarse sobre la política interna del gobierno reconocido. Sus efectos son: derecho para el gobierno reconocido de beneficiarse de la inmunidad de jurisdicción; derecho para sus agentes diplomáticos de privilegiarse con las inmunidades personales y fiscales propias de su función; aplicación de los actos administrativos emanados del gobierno reconocido; atribución al gobierno de la responsabilidad internacional por actos internacionalmente ilícitos, etcétera.

Es importante destacar que hoy priva la tendencia seguida por la Unión Europea (UE) y llevada a cabo como práctica ampliamente aceptada en OEA y Mercado común del Sur (Mercosur), en el sentido de proteger y apoyar los regímenes democráticos, con base en el respeto absoluto a los DH.

Doctrinas

La Doctrina Jefferson surge de declaraciones hechas por Thomas Jefferson cuando actuaba como secretario de Estado, respecto a la situación política de Francia en 1792, a propósito de los acontecimientos de la Revolución, en los que Luis XVI fue capturado. Esta doctrina señala que se reconocería sólo "si este nuevo gobierno era obedecido libremente por la población y si tenía el poder para hacerse respetar y cumplir con sus compromisos internacionales".[134] De este modo, se aprecia la capacidad legítima para crear gobiernos, derivado de la soberanía que en todo caso reside en el pueblo. La Doctrina Tobar fue formulada en 1907 por este político y jurista ecuatoriano. Sostenía que "un

[134] Semanario Digital, 2009 (http://amialgidafilantropia.blogspot.mx/2009/06/cuando-un-gobierno-viola-los-derechos.html).

Estado debe abstenerse de reconocer a un gobierno extranjero que hubiese ocupado el poder por la fuerza de un golpe militar o de una insurrección popular, por lo menos hasta que hubiese sido legitimado constitucionalmente por el asentimiento de una asamblea".[135] Incorpora un nuevo elemento, que es el cumplimiento de un proceso constitucional para establecer un gobierno.

La Doctrina Wilson surge de un discurso pronunciado el 11 de marzo de 1913, en el que el Presidente Woodrow Wilson de algún modo recogía los principios postulados en la Doctrina Tobar, relativos al no reconocimiento de gobiernos surgidos de movimientos revolucionarios. Bajo esta premisa, algunos estudiosos han acusado una posición intervencionista de Wilson, al buscar el establecimiento de regímenes constitucionales en los países en conflicto, tal y como ocurrió durante la Revolución mexicana con el gobierno de Victoriano Huerta, surgido de un golpe de Estado. Así, "la puesta en práctica de la fórmula del presidente norteamericano se tradujo sólo en hostilidad y resentimiento".[136]

La Doctrina Estrada contiene la posición del Estado mexicano sobre reconocimiento de gobiernos, debe su nombre a don Genaro Estrada, diplomático, periodista, político, jurista y escritor mexicano, quien de 1930 a 1932 fue titular de la Secretaría de Relaciones Exteriores (SRE) y en 1930 presentó su doctrina ante la extinta Sociedad de Naciones (SDN). En ella sostiene que México "no se pronunciará en el sentido de otorgar reconocimientos, porque considera que ésta es una práctica denigrante que, sobre herir la soberanía de otras naciones, coloca a éstas en el caso de que sus asuntos internos puedan ser calificados".[137] Esto en respuesta a las prácticas del reconocimiento de nuevos gobiernos como medio para obtener ventajas o actos intervencionistas.

Sucesión de Estados

Hay sucesión cuando un Estado transmite a otro sus derechos y obligaciones sobre la totalidad o parte del territorio, a consecuencia de un acto o de acontecimientos que tienen un efecto jurídico. Tanto la estructura territorial como política, así como la demográfica pueden ser objeto de transformaciones que, si aumentan o disminuyen el territorio, cambian la forma de gobierno o motivan el crecimiento o decremento de su población, no se alteran, virtud al principio de identidad y continuidad.

[135] Manuel Ossorio, *op. cit.*, p. 340.
[136] *Idem.*
[137] José Luis Vallarta Marrón, *op. cit.*, p. 117.

Formas

Constituyen formas de sucesión: separación, anexión, fusión y desmembramiento. Acontecimientos de hecho que provocan efectos de derecho:

- *Separación*. Nace un nuevo Estado. Su autoridad es, por ende, originaria y no vincula responsabilidad alguna con el antecesor. Sin embargo, hay que hacer excepción respecto de la deuda pública contraída en beneficio del territorio separado, que se transfiere íntegramente. No hay transferencia cuando aquélla fue contraída para impedir su separación.
- *Anexión*. Desaparece su personalidad. La llamada anexión parcial no es sino el acto de cesión. Todos los tratados atinentes al anexado, sean sobre límites, comunicaciones, vialidad o transportes, así como su deuda pública, se transmiten al anexante. Son análogos a los de la cesión los demás efectos en materia de legislación, nacionalidad y justicia.
- *Fusión*. Varios se unen en uno nuevo. Éste nace, por consiguiente, desligado de toda responsabilidad financiera hacia terceros, con mayor razón, de toda responsabilidad política (tratados de alianza, protección, garantía, etcétera). En este caso se aplica el principio general que resguarda los derechos de terceros; los Estados antiguos no pueden prevalerse de la nueva situación jurídica si no han cancelado previamente sus compromisos financieros: de no hacerlo, el nuevo es siempre responsable. Subsiste el principio de responsabilidad que se hace efectivo ya por conducto de los Estados antiguos, ya por el nuevo.
- *Desmembramiento*. Hay extinción del antiguo sobre un territorio en el que nacen Estados nuevos. La situación es análoga a la de separación. No subsisten obligaciones políticas ni financieras. Se aplica, empero, en cuanto a estas últimas, el mismo principio de resguardo de los derechos de terceros que rige el caso anterior.

Efectos

En la anexión, la cesión es transferencia de parte del territorio de un Estado a otro que se estipula por medio de un tratado. Sus efectos, que se rigen por normas doctrinales en cuanto no sean objeto de estipulaciones especiales del tratado, son ya de carácter general, ya particular. Un efecto general de la cesión es el desplazamiento de la autoridad cedente sobre el territorio del cedido, la que es reemplazada por la del cesionario; pero la personalidad internacional del cedente no sufre menoscabo, en virtud al acto que reduce su territorio, mas no afecta su independencia. En consecuencia, quedan incólumes los tratados que hubiere celebrado el cedente con terceros. Casi siempre ocurre que las cuestiones emergentes sean resueltas por el mismo tratado de cesión. Los efectos particulares obran sobre los Estados: deuda pública, legislación, nacionalidad y justicia del territorio cedido.

SUCESIÓN EN MATERIA DE NACIONALIDAD Y CONDICIÓN JURÍDICA DE SUS HABITANTES

La Comisión de Derecho Internacional (CDI) de 1993 incluyó en su agenda la sucesión e impacto en la nacionalidad de las personas[138] (individuales y colectivas). Después de seis años de labores, en 1999, "el proyecto de artículos sobre la nacionalidad de las personas naturales con relación a la sucesión de Estados" fue aprobado en segunda lectura, y recomendado para su aprobación en forma de declaración por la Asamblea General (AG), misma que así lo hizo mediante Resolución 55/153.[139] El proyecto fue elaborado con la intención de evitar casos de apatridia (artículo 4), por lo que señala que los involucrados adoptarán todas las medidas apropiadas para evitar que las personas se conviertan en apátridas como consecuencia de la sucesión; otorga también la nacionalidad del sucesor a las personas que tenían su residencia en el territorio afectado; los nacionales del predecesor, nacidos o domiciliados en su territorio, pierden la nacionalidad y adquieren *ipso jure*[140] la del sucesor. En cuanto a la transferencia de parte del territorio señala que (artículo 20): cuando una parte del territorio sea transferida por ese Estado a otro, el sucesor atribuirá su nacionalidad a las personas afectadas que tengan su residencia habitual en el territorio transferido y el predecesor les retirará su nacionalidad, a menos que esas personas hayan indicado otra cosa al ejercer la opción a que tendrían derecho. Sin embargo, el predecesor no les retirará su nacionalidad antes de que adquieran la nacionalidad del sucesor.

Respecto a la unificación afirma (artículo 21): cuando dos o más se unan para formar un Estado sucesor, con independencia de que éste sea un nuevo Estado o de que su personalidad sea idéntica a la de uno de los que se hayan unido, el sucesor atribuirá su nacionalidad a todas las personas que, en la

[138] Relator especial Václav Mikulka.

[139] Horacio Andaluz Vegacenteno, "El derecho de la sucesión de Estados", *Revista Colombiana de Derecho Internacional*, núm. 9, mayo de 2007, pp. 395-452 (http://www.javeriana.edu.co/juridicas/pub_rev/documents/11_andaluz_000.pdf).

[140] Es una expresión latina que puede traducirse como "por virtud del derecho" o "de pleno derecho".

fecha de la sucesión, tenían la nacionalidad del predecesor. En lo que se refiere a la disolución, el artículo 22, establece que se atribuirá la nacionalidad de los Estados sucesores, así también cuando se trate de la separación de parte o partes del territorio, sostiene que se atribuirá la nacionalidad del sucesor.

Sucesión de Estados respecto del régimen jurídico del predecesor

En materia de legislación, en el ámbito de derecho privado hasta no mediar declaración expresa del cesionario, se interpreta la voluntad implícita de este último. Pero aquella declaración tampoco afectaría —salvo caso de oportuna indemnización— los derechos adquiridos por particulares. Con relación a la justicia, deben distinguirse los juicios civiles de las causas criminales. En cuanto a los primeros se consideran válidos, en las instancias pendientes, los actos de procedimiento anteriores a la cesión.

Sucesión de Estados en materia de bienes, archivos y deudas

La AG aprobó las resoluciones 36/113, del 10 de diciembre de 1981, y 37/11, del 15 de noviembre de 1982, que establecieron que la Conferencia de la ONU sobre Sucesión de Estados en materia de bienes, archivos y deudas se celebrara en Viena del 1 de marzo al 8 de abril de 1983. Dicha Convención fue aprobada con 54 votos a favor, 11 en contra y 11 abstenciones. Sin embargo, no ha entrado en vigor, a pesar de que se abrió a firma hasta el 30 de junio de 1984; al año 2012 ha sido ratificada sólo por siete Estados: Croacia, Estonia, Georgia, Liberia, Eslovenia, Macedonia y Ucrania. Contiene disposiciones que constituyen un desarrollo progresivo del DIP, y como principio rector la equidad para distribución y prorrateo de bienes del Estado. Señala que se entenderá por bienes (artículo 7): los del Estado predecesor que incluyen (artículo 8) bienes, derechos e intereses que en la fecha de la sucesión y de conformidad con el derecho interno del predecesor le pertenecían.[141]

Asimismo, sostiene que no se afectarán bienes de un tercer Estado cuando: "en la fecha de la sucesión de Estados, se hallen situados en el territorio del Estado predecesor y que, en esa fecha, pertenezcan a un tercer Estado conforme al derecho interno del predecesor".[142] Cabe mencionar que esta Convención establece reglas particulares para cada una de las clases de sucesión.

[141] *Cfr.* CVSE de 1983 (http://www.dipublico.com.ar/instrumentos/21.html).
[142] *Idem.*

Reglas generales sobre sucesión de Estados en materia de archivos

Sostiene que se entenderá por archivos del Estado predecesor: "todos los documentos, sean cuales fueren su fecha y naturaleza, producidos o recibidos por el Estado predecesor en el ejercicio de sus funciones".[143] Al igual que en los bienes, los efectos de la sucesión sobre los archivos son el traslado de derechos del predecesor al sucesor: que entrañará la extinción de los derechos de ese Estado y el nacimiento de los del sucesor sobre los mismos.[144] La fecha de traslado de los archivos será la misma que de la sucesión (artículo 22) y salvo disposición en contrario, será sin compensación (artículo 23). Se dejan a salvo los derechos de terceros, ya que la sucesión no afecta los archivos que pertenezcan a otros. Esta convención establece reglas particulares para cada tipo de sucesión.

Reglas generales sobre sucesión de Estados en materia de deuda

El artículo 33 define como deuda toda obligación financiera de un Estado predecesor para con otro, para con un Organismo Internacional (OI) o para con cualquier otro sujeto de DIP, nacida de conformidad con éste. Tiene como consecuencia el paso de las deudas de Estado, y entraña la extinción de las obligaciones del predecesor y el nacimiento de las del sucesor en lo que respecta a las deudas. Al igual que en los casos anteriores, la fecha de paso de la deuda será la misma en la que se realice la sucesión; también salva los derechos de los acreedores al señalar (artículo 36): asimismo, contiene reglas específicas para cada una de las categorías o clases de sucesión; respecto de sucesión en materia de deudas.[145]

[143] *Idem.*
[144] *Idem.*
[145] *Idem.*

Capítulo sexto

Responsabilidad internacional

CONCEPTO

Responsabilidad es una consecuencia jurídica de los actos ilícitos de los Estados, por lo que toda violación a un deber, acción u omisión, establecida en una norma internacional, provocará una relación nueva entre el Estado imputable de dicha violación y otro que tiene derecho a recibir reparación,[146] tiene deber de cumplir una obligación violada, cesación de la misma, garantía de no repetición y reparación del daño: restitución, indemnización y satisfacción. Las reglas sobre las que se funda son en la práctica de los Estados, es decir, se basan en la costumbre. Sin embargo, la Comisión de Derecho Internacional (CDI) de la Organización de las Naciones Unidas (ONU) adoptó el 9 de agosto de 2001, en su 53º periodo de sesiones (A/56/10), un proyecto de artículos sobre responsabilidad del Estado por hechos internacionalmente ilícitos, tras laborar casi 40 años de codificación y desarrollo progresivo, donde recogió lineamientos que la rigen.

ELEMENTOS

La responsabilidad tiene ciertos elementos a saber: sujetos de derecho internacional público (DIP) (subjetivo), hecho ilícito o violación de una obligación internacional (objetivo), imputación, daño y reparación.[147]

[146] *Cfr.* José Luis Vallarta Marrón, *op. cit.*, pp. 221-224.

[147] Proyecto de artículos sobre la responsabilidad del Estado por hechos internacionalmente ilícitos de 2002 (http://www.uib.cat/depart/dpu/dip/pdf/dip0607/responsabilidad.pdf).

Sujetos

Los sujetos de DIP susceptibles de responsabilidad son el Estado y los organismos internacionales (OI); sujetos víctimas de estas violaciones pueden ser Estados o individuos.

Responsabilidad de los poderes Legislativo, Ejecutivo y Judicial

Desde el punto de vista del derecho, sujeto puede ser una persona física o abstracta, como el Estado o las OI. En este sentido, cuando "la capacidad de atribución recae en una persona abstracta, ésta tiene que asumir la responsabilidad por las acciones de cualquiera de sus órganos",[148] ya que el derecho exige a éste y sus órganos que respondan por acciones u omisiones. Así pues, la responsabilidad es una cualidad inherente al Estado y surge en el momento mismo de su constitución como sujeto, es decir, es propio a su personalidad jurídica.[149] Por ello, si el funcionario actuó en violación a una obligación amparado en su calidad oficial, queda comprometida la responsabilidad estatal. El artículo 4° del "Proyecto de artículos sobre responsabilidad del Estado por hechos internacionalmente ilícitos" establece los realizados por órganos legislativos, ejecutivos, judiciales o de otra índole.

En cuanto a la responsabilidad por conductas de sus órganos legislativos, existe "acuerdo en que el Estado incurre en responsabilidad si la legislación nacional es incompatible con el DIP o si no toma medidas legislativas necesarias para el cumplimiento de sus obligaciones internacionales".[150] También si no expide una ley para la cual se haya comprometido por un pacto, o que deba promulgar conforme al DIP. De igual manera, puede resultar responsabilidad cuando no actúa abrogando ley incompatible con las obligaciones contraídas. Respecto de actos del Poder Ejecutivo, no hay duda de que comprometen al Estado, así como tampoco de los del Poder Judicial, ya que, por ejemplo, si un juez negase la inmunidad a un diplomático, incurriría en responsabilidad y el Poder Ejecutivo estaría obligado a reparar el daño. En el ámbito judicial también encontramos hechos por los cuales puede comprometerse ésta: primero, bien por actos de los tribunales, cuando por sí mismos causan un ilícito, esto es, cuando aplican mal un tratado o una costumbre, o cuando por el derecho interno lo

[148] Martha Mejía y Stefan Káiser, "Responsabilidad internacional: un término, dos conceptos, una confusión", *Anuario Mexicano de Derecho Internacional*, vol. IV, México, 2004, p. 414.

[149] *Ibidem*, p. 415.

[150] José Luis Vallarta Marrón, *op. cit.*, p. 190.

hacen violando una norma que se deba cumplir; y segundo, cuando cometen la figura clásica de denegación de justicia.

Denegación de Justicia

Denegación de justicia (*denial of justice*) es "la institución desarrollada para proteger a los extranjeros. Según esta institución, si el juez de un Estado no hace justicia a un extranjero, éste tendría títulos jurídicos válidos para pedir protección diplomática a su gobierno".[151] Se distinguen tres supuestos: por violación directa del órgano judicial de una obligación internacional; por el hecho de que un juez se niegue a recibir la demanda de un extranjero o dé trámite a la misma con retraso injustificado; por una sentencia o resolución manifiestamente inadmisible por su contenido.[152] Como se consagra en los artículos 8, 10 y 11 de la Declaración Universal de los Derechos Humanos (DUDH) en los artículos 8 y 25 de la Convención Americana de Derechos Humanos (CADH), sobre garantías judiciales. Contra México, se han ventilado ya infinidad de casos ante la Comisión Interamericana de Derechos Humanos (CIDH), como desaparición forzada de periodistas y migrantes centroamericanos por el crimen organizado, como las narcofosas encontradas en San Fernando, Tamaulipas, suman aproximadamente 500 asesinados.[153]

Agotamiento de recursos internos

El principio de que un extranjero debe intentar todos los recursos internos del Estado antes de acudir a otras instancias internacionales, es una de las más antiguas prácticas de las naciones, constante y reiterada en la doctrina internacional de todos los países y en la jurisprudencia de los tribunales internacionales. La CIDH sostuvo en los casos Velásquez Rodríguez y Godínez Cruz, que a la luz de la obligación positiva del artículo 1.1 de la CADH, los Estados están obligados a respetar y garantizar los derechos humanos (DH), ello implica el deber de los Estados partes de organizar todo el aparato gubernamental y, en general, todas las estructuras a través de las cuales se manifiesta la acción

[151] *Ibidem*, p. 193.

[152] *Ibidem*, p. 232.

[153] *Cfr.* "¿Alguien sabe qué hicimos...? ¿Cómo se nos pudrió el pueblo bueno? ¿Qué le enseñamos y qué le permitimos y qué derechos se tomó con apoyo o al menos omisión de la autoridad y la falta de crítica?", 2014 (http://www.milenio.com/firmas/luis_gonzalez_de_alba_lacalle/Alguien-sabe-hicimos_18_427937213.html).

del poder público, de manera tal que sean capaces de asegurar jurídicamente el libre y pleno ejercicio de los DH.[154]

Excepciones

La CIDH en su Opinión Consultiva OC-11/90, del 10 de agosto de 1990 sobre Excepciones al Agotamiento de los Recursos Internos (artículos 46.1, 46.2.A y 46.2.B, CADH) estudió a fondo esta figura a petición de la CIDH. Ello debido a que el artículo 46 de la CADH establece que: a efecto de que sea admisible una petición o comunicación presentada conforme a los artículos 44 o 45 a la comisión, se requiere que se hayan interpuesto y agotado los recursos de jurisdicción interna, conforme a los principios del Derecho Internacional (DI) generalmente reconocidos.

En esta opinión consultiva, la CIDH señala como casos de excepción los siguientes: el de los indigentes, quienes al no poder costear servicios jurídicos o el valor que debe abonarse por los trámites, no han podido hacer uso de todos los recursos legales internos; y cuando el individuo no obtiene asistencia jurídica dada la existencia de un temor generalizado en los círculos jurídicos, como puede ser el caso de los abogados que no aceptan los asuntos cuando creen que ello puede hacer peligrar su vida y la de sus familiares.[155] Estas excepciones no eximen al Estado de la obligación de tomar todas las medidas necesarias para remover los obstáculos que puedan existir para que los individuos logren disfrutar de los derechos que la CADH establece.

Daños a extranjeros y protección diplomática

El fenómeno de la expansión económica y financiera de los grandes países europeos durante buena parte del siglo XIX trajo consigo toda una teoría y un cuerpo de instituciones. Al mismo tiempo, el fortalecimiento de la diplomacia contribuyó a la formación de normas referentes al tratamiento de extranjeros en países de escaso desarrollo, sobre todo latinoamericanos.

[154] *Cfr.* Caso Velásquez Rodríguez, Sentencia de 29 de julio de 1988, Serie C No. 4, párr. 166, Caso Godínez Cruz, Sentencia de 20 de enero de 1989. Serie C No. 5, párr. 175 (http://www.corteidh.or.cr/docs/casos/articulos/seriec_04_esp.pdf).

[155] *Cfr.* CIDH, Opinión *Consultiva* Oc-11/90, del 10 de agosto de 1990, Excepciones al Agotamiento de los Recursos Internos (artículos 46.1, 46.2.A y 46.2.B CADH) párr. 30 y 32 (http://www.corteidh.or.cr/docs/opiniones/seriea_11_esp.pdf).

Las potencias hicieron sentar el principio de que el daño causado a una persona o patrimonio era injuria que lastimaba su prestigio y debía repararse. Así, la protección diplomática sustituye a una persona que carece de capacidad para ejercer una acción internacional por otra que sí cuenta con ésta, como es el Estado. En consecuencia, el Estado infractor no incurre sólo en responsabilidad frente al individuo lesionado sino frente a su gobierno, al cual no le han dado una satisfacción por vías ordinarias, agotándose todos los recursos internos, por lo que dicho litigio se convierte en internacional, creándose una relación no individuo-Estado sino Estado-Estado.

Cláusula Calvo

Esa protección generó abusos, ya que no acudían a las leyes ni a los tribunales locales para cualquier reclamación, preferían utilizarlo, porque les garantizaba un régimen de privilegios con respecto a los nacionales y rehusaban sujetarse a las disposiciones internas. Así pues, la Cláusula Calvo estipula que "el extranjero conviene en no recurrir al gobierno de su nacionalidad para que le brinde protección respecto de conflictos que puedan surgir en relación con el cumplimiento, aplicación o interpretación del contrato".[156] Así como el principio de la igualdad de Estados, que impide que se realicen intervenciones utilizando como pretexto aparentes daños a intereses privados, reclamaciones y demandas por indemnizaciones pecuniarias en beneficio de los súbditos del Estado que realiza la intervención.

Responsabilidad internacional del Estado por individuos

Contempla la posibilidad (artículo 5) de que el comportamiento de una persona, que no sea parte de los órganos del Estado pero que se encuentre autorizada para ejercer facultades públicas, pueda comprometer la responsabilidad del Estado. El artículo 7 señala el supuesto de la extralimitación de la competencia (acto *extra vires*) o la contravención de instrucciones que tengan como consecuencia la violación a una obligación. Para que se pueda configurar el acto *extra vires*, se necesita que tenga apariencia del ejercicio de funciones oficiales, así lo establece la Conferencia para la Codificación del Derecho Internacional (CCDI) celebrada en La Haya en 1930.

[156] José Luis Vallarta Marrón, *op. cit.*, p. 197.

Otro supuesto es el imputado al Estado por hechos o comportamientos que realicen una persona o grupo bajo su dirección y control, así también cuando ejercen de hecho atribuciones del poder público en ausencia o en defecto de las autoridades. El artículo 10.1 afirma la responsabilidad por hechos ilícitos de un movimiento insurreccional que se convierta en nuevo gobierno.

Hechos internacionalmente ilícitos

Hecho ilícito es un acto u omisión violatorio de las normas internacionales o un conjunto de éstos combinados que generan responsabilidad internacional (artículo 1). Eje fundamental de los artículos en comento, ya que establece el hecho ilícito, presupuesto por el cual se genera y que depende, "en primer lugar de los requisitos de la obligación que presuntamente se ha violado y, en segundo lugar, de las condiciones en que se verifica ese hecho".[157]

No se distinguen, entre las obligaciones derivadas de tratados internacionales y otras fuentes del DIP, ni las obligaciones surgidas de tratados bilaterales o multilaterales, o las debidas a la comunidad en su conjunto.[158] En este sentido, el artículo 1 está correlacionado directamente con el artículo 12, que se refiere a la violación de la obligación, en el cual no se distingue el origen ni naturaleza de la misma. Así, por ejemplo, un Estado puede ser responsable por la violación de una norma imperativa de DI general o *ius cogens* (artículo 40). Se establece también (artículo 41) que los Estados pondrán fin, por medios lícitos, a toda violación grave; ningún Estado reconocerá como lícita una situación creada por una violación grave, ni prestará ayuda o asistencia para mantener esa situación; se aplicarán las demás consecuencias enunciadas en esta parte y de toda otra que una violación a la que se aplique el presente capítulo pueda generar según el DIP.

Elementos

Se encuentran consagrados en el artículo 2, el cual señala que existirá cuando un comportamiento consistente en una acción u omisión es atribuible al Estado según el DIP y constituya una violación de una obligación. Antiguamente, se incluía la culpa como elemento adicional, sin embargo, como se observa se ha eliminado. En el mismo sentido, la Corte Permanente de Justicia Internacional (CPJI) y la Corte Internacional de Justicia (CIJ) la eliminaron de sus sentencias

[157] James Crawford, *Los artículos de la Comisión de Derecho Internacional sobre la responsabilidad internacional del Estado. Introducción, texto y comentarios*, Madrid, Dykinson, 2004, p. 115.
[158] *Idem.*

y opiniones consultivas, interesándose en esclarecer el hecho como violación a la norma, la llamada responsabilidad objetiva.

Consecuencias jurídicas

Los hechos que generan consecuencias son: cumplir la obligación violada, cesación de dicha violación, así como garantía de no repetición y resarcimiento. *Deber de cumplir:* es su obligación dar cumplimiento a la obligación violada. *Cesación y no repetición:* es obligación poner fin si ese hecho continúa y ofrecer seguridades adecuadas de que no se va a repetir; está íntimamente ligada con los artículos 14 y 15, referentes a su extensión en el tiempo y el hecho ilícito compuesto. *Seguridades y garantías:* debe dar garantías de que no volverá a hacerlo.

Imputación

Para que el Estado sea responsable por violación de una obligación internacional, en primer lugar, debe encontrarse vinculado en el momento que se produce el hecho (artículo 13); en segundo lugar, debe ser imputable al Estado, ya que existen diversas causas de exclusión de la responsabilidad que son: legítima defensa, contramedidas en razón de un hecho ilícito, fuerza mayor, peligro extremo, estado de necesidad, cumplimiento de normas imperativas e invocación de una circunstancia que excluye la ilicitud:

- *Legítima defensa.* Definida como la acción de repeler la agresión ilegítima, actual o inminente.
- *Contramedidas en razón de un hecho internacionalmente ilícito o represalias.* Es un acto legítimo que no da lugar a responsabilidad internacional, razonadas aisladamente podrían considerarse ilegales, pero excepcionalmente no generan responsabilidad ya que tienen como único propósito obligarlo a cumplir.
- *Fuerza mayor y caso fortuito.* Determina de manera irresistible la conducta, en este caso sólo será atribuible la responsabilidad cuando la situación se deba, en combinación con otros factores, al comportamiento del Estado que la invoca.[159] Un caso fortuito es un acontecimiento imprevisible ajeno al Estado que, al igual que la fuerza mayor, hace imposible el cumplimiento de la obligación y por tanto excluye su responsabilidad, sin embargo, si ha asumido el riesgo de que se produzca esa situación o acontecimiento,[160] sí lo será.

[159] *Cfr.* Víctor Manuel Sánchez, *op. cit.*, p. 293.
[160] *Idem.*

- *Peligro extremo.* Se refiere a la persona —puede generar la responsabilidad del Estado— cuando se encuentra en peligro extremo, o a la persona a su cuidado, que a pesar de su voluntad está en esa situación. El objetivo inmediato es salvar vidas humanas.[161]
- *Estado de necesidad.* Hecho por el cual es presionado por la necesidad de salvarse de un peligro grave e inminente.

Reparación

Es la "obligación a cargo de los Estados por hechos que le son imputables, conforme al DIP, violan obligaciones internacionales adquiridas por ellos".[162] El artículo 31 sostiene: el Estado responsable está obligado a reparar íntegramente el perjuicio causado por el hecho ilícito; y el perjuicio comprende todo daño, tanto material como moral, causado por el hecho ilícito. Las diferentes formas de reparación pueden emplearse de manera concurrente a fin de dar una adecuada a los daños. Otros tratados consagran que debe ser justa y proporcional, como la Convención contra la tortura y otros tratos o penas crueles, inhumanos o degradantes (artículo 14).[163] En el mismo sentido, encontramos instrumentos de DIP que consagran la reparación rápida, plena y efectiva. Tal es el caso de la Resolución 60/147 sobre "Principios y directrices básicas sobre el derecho de las víctimas de violaciones manifiestas de las normas de DH y graves del DIH a interponer recursos y obtener reparaciones" (artículo IX).[164]

Formas

Las formas de reparación son:

- *Restitución.* De acuerdo con el Diccionario de la Real Academia de la Lengua Española (RAE), restituir (del latín *restitutio, onis*) significa "volver una cosa a quien la tenía antes. Restablecer o poner una cosa en el estado que

[161] *Ibidem*, p. 73.

[162] Tatiana Rincón y Rincón Covelli, Tatiana *Verdad, justicia y reparación: la justicia de la justicia transicional*, Bogotá, Universidad del Rosario, 2010, p. 77.

[163] *Cfr.* Convención contra la tortura y otros tratos o penas crueles, inhumanos o degradantes, 1984 (http://www.pdhre.org/conventionsum/torsum-sp.html).

[164] *Cfr.* "Principios y directrices básicos sobre el derecho de las víctimas de violaciones manifiestas de las normas internacionales de DH y de violaciones graves del DIH a interponer recursos y obtener reparaciones". Resolución 60/ 147, 2005 (http://www.ohchr.org/SP/ProfessionalInterest/Pages/RemedyAndReparation.aspx).

antes tenía".[165] Es restablecer la situación, siempre y cuando sea materialmente posible y no entrañe una carga totalmente desproporcionada con relación al beneficio que derivaría en vez de indemnización.

- *Indemnización.* (Del latín: *indemne- izar*) significa "resarcir de un daño o perjuicio",[166] es el pago que deberá cubrirse por todo daño susceptible de evaluación financiera, incluido el lucro cesante en la medida que sea comprobado.
- *Satisfacción.* La "acción o modo con que se sosiega" y se responde enteramente a una queja, sentimiento o razón contraria".[167] También como "una ventaja del orden moral que obtiene un Estado a título de restablecimiento de un acto que compromete la responsabilidad de otro Estado".[168]

Responsabilidad de los organismos internacionales (OI)

En su 52° periodo de sesiones (2000), la CDI decidió incluirla, por lo que la AG de la ONU tomó nota en su resolución 55/152 del 12 de diciembre de 2000 y en la Resolución 56/82 del 12 de diciembre de 2001, y solicitó a la CDI iniciar su estudio. Así pues, en el 54° periodo de sesiones del 8 de mayo de 2002, estableció un grupo de trabajo, designando como relator especial a Giorgio Gaja. En su informe estudió su relación con los artículos sobre la responsabilidad del Estado por hechos ilícitos, la responsabilidad de los Estados miembros por un comportamiento que se atribuye a una OI y su contenido. En ese mismo periodo de sesiones, la comisión aprobó el informe, y del 55° (2003) al 61° periodo de sesiones (2009) recibió y examinó siete informes del relator especial, aprobando provisionalmente proyectos de los artículos 1 al 66. En su 61° periodo aprobó en primera lectura un conjunto de 66 proyectos de artículo sobre la responsabilidad de las OI, con los correspondientes comentarios, mismos que de conformidad con los artículos 16 al 21 de su Estatuto fueron trasmitidos por conducto de la Secretaría General (SG), a los gobiernos y las OI.[169]

[165] RAE, *op. cit.*, p. 1785.
[166] *Ibidem*, p. 1157.
[167] *Ibidem*, p. 1849.
[168] Luis Fernando Álvarez Londoño, *op. cit.*, p. 275.
[169] *Cfr.* "Proyecto de artículos sobre la responsabilidad de las organizaciones Internacionales de 2011 (http://untreaty.un.org/ilc/reports/2011/All%20languages/A_66_10_S.pdf).

Proyecto de artículos sobre responsabilidad de los organismos internacionales (oi)

A diferencia del "proyecto sobre responsabilidad internacional de los Estados", los artículos sobre responsabilidad de las oi incluyen en su primera parte, uno sobre el alcance del proyecto y otro sobre definiciones. En la segunda parte, al igual que los artículos sobre responsabilidad de los Estados, establece (artículo 3) que las oi pueden ser responsables por un hecho ilícito. Los elementos de dichos hechos: que sea atribuible a esa oi según el dip, y que constituya violación de una obligación. También se refiere a los supuestos de atribución de un comportamiento:

- Comportamiento de un órgano o agente en el ejercicio de sus funciones se considerará hecho de esa oi (artículo 6).
- Comportamiento de órganos de un Estado o de órganos o agentes de una oi puestos a disposición de otra (artículo 7).
- Comportamiento de un órgano o agente de una oi se considerará de ésta según el dip, si tal órgano o agente actúa a título oficial en el marco de las funciones generales de la misma, aunque ese comportamiento exceda la competencia del órgano o agente, o contravenga sus instrucciones (artículo 8).
- Comportamiento que una oi reconoce y adopta como propio (artículo 9).
- Conducta de una oi que presta ayuda o asistencia a un Estado o a otra oi en la comisión por ese Estado o por esta última de un hecho ilícito (artículo 14).
- Comportamiento de otra oi de la cual es miembro la oi (artículo 18).[170]

Sostiene (artículo 10) que una oi habrá violado una obligación cuando un hecho suyo, no esté en conformidad con lo que de ella exige dicha oi, sea cual fuere su origen o naturaleza. Al igual que en los artículos sobre responsabilidad del Estado, la violación tiene lugar en el momento en que se produce (artículo 12). En el caso de una obligación, en virtud de la cual una oi debe prevenir un acontecimiento determinado, tiene lugar cuando se produce y se extiende durante todo el periodo en el cual continúa y mantiene su falta de conformidad con esa obligación (artículo 12). Ahora bien, este proyecto consagra las mismas causales de exclusión de ilicitud que los artículos sobre responsabilidad internacional del Estado: consentimiento (artículo 20), legítima defensa (artículo 21), contramedidas (artículo 22), fuerza mayor (artículo 23), peligro extremo (artículo 24) y estado de necesidad (artículo 25).[171] En cuanto a las

[170] *Idem.*
[171] *Idem.*

contramedidas se establece en qué circunstancias la OI podría hacer uso de ellas: cuando sean respuesta a la violación de una obligación; cuando no sean incompatibles con las reglas de la organización; cuando no existan medios adecuados para inducir de otro modo al Estado responsable o a la OI a cumplir sus obligaciones de cese de la violación y de reparación. Ello debido a que las contramedidas tienen como características (artículo 51): su objetivo es inducir a cumplir las obligaciones violadas; se limitan al incumplimiento temporario de obligaciones. Se realizan de manera que permitan la reanudación del cumplimiento de obligaciones; que se limiten sus efectos en el ejercicio por la OI responsable de sus funciones; deben ser proporcionales al perjuicio sufrido, teniendo en cuenta la gravedad del hecho ilícito y derechos en cuestión (artículo 54).[172]

Las contramedidas no podrán afectar a (artículo 53) las obligaciones: de abstenerse de recurrir a la amenaza o uso de la fuerza, tal como está enunciada en la Carta de la ONU; establecidas para la protección de los DH; de carácter humanitario que prohíben las represalias; otras que emanen de normas imperativas del DI general.[173] La violación por parte de la OI (artículo 29) no afecta la continuidad del deber de la OI responsable de cumplir la obligación violada; también se obliga a cesar la violación, a dar garantías de no repetición (artículo 30), y a reparar (artículo 31) el perjuicio ocasionado (moral o material), mediante: restitución (artículo 35), indemnización (artículo 36), y satisfacción (artículo 37), ya sea de manera única o combinada.[174]

[172] *Idem.*
[173] *Idem.*
[174] *Idem.*

Capítulo séptimo

Derecho diplomático y consular

Derecho diplomático

El término proviene del griego *diploma*, que significa doblar; ello hace referencia a los diplomas o actas expedidos por los soberanos con la finalidad de acreditar a un individuo ante otro soberano. Actualmente, se define: "la ciencia o conocimiento de los intereses y relaciones de unas naciones con otras",[175] "acción a partir de la cual los Estados o gobiernos concilian sus intereses sociales, económicos, políticos y culturales, a través de la negociación en el contexto de la política exterior para dar cumplimiento a fines del proyecto nacional que reposa en el sistema político que construye la estructura interna del poder".[176]

El derecho diplomático: "la rama del Derecho Internacional Público (DIP) destinada a regular relaciones —derechos y obligaciones jurídicas— de personas y órganos encargados de mantener vínculos amistosos entre Estados, o entre éstos y otros sujetos de DIP".[177] Se señala que: "es rama del DIP que regula la actividad diplomática, constituyéndose en el fundamento jurídico del funcionario diplomático, en el cumplimiento de los fines y orientaciones de la política exterior, definida por los órganos gubernamentales",[178] regida por el derecho del Estado que envía y del Estado receptor, costumbre internacional y tratados bilaterales y multilaterales que firman los Estados.

[175] RAE, *op. cit.*, p. 756.

[176] Luis Manuel Marcano Salazar, *Fundamentos del Derecho Internacional Público: introducción al estudio de la historia de las instituciones del Derecho Internacional Público y su impacto en las relaciones internacionales*, Caracas, Los libros de El Nacional, 2005, p. 52.

[177] Fabián Novak y Fernando Pardo Segovia, *Derecho diplomático: comentarios a la Convención sobre Relaciones Diplomáticas*, Quito, Fondo Editorial PUCP, 2001, p. 22.

[178] Luis Manuel Marcano Salazar, *op. cit.*, p. 52.

Una de las mayores expresiones de este derecho es la Convención de Viena sobre Relaciones Diplomáticas (CVSRD), del 18 de abril de 1961, que entró en vigor el 24 de abril de 1964, de conformidad con lo establecido en su artículo 51, que establece vigencia el trigésimo día a partir de la fecha en que haya sido depositado en poder de la Secretaría General (SG) de la Organización de las Naciones Unidas (ONU) el vigesimosegundo instrumento de ratificación o adhesión. Esta convención tiene como objeto regular funciones, privilegios e inmunidades de agentes diplomáticos, derechos y obligaciones. Concluye con siete años de codificación por parte de la Comisión de Derecho Internacional (CDI), a pesar de que las relaciones diplomáticas se incorporaron a la agenda de la Comisión en 1949, fue hasta 1954, se designó como relator especial al profesor A. E. F. Sandström. Se reconoce como "el mayor esfuerzo codificador sobre relaciones e inmunidades diplomáticas"[179] y porque "innovó con respecto a la práctica de la época".[180] Al 2015, 190 Estados son parte, de ahí su vocación universal se considera que fue complementada con la Convención de Viena sobre Relaciones Consulares (CVSRC). Cuenta con dos protocolos: sobre adquisición de nacionalidad y sobre jurisdicción obligatoria para solución de controversias.

Agentes diplomáticos

Un agente diplomático puede ser jefe o sólo integrante. El artículo 1 de la CVSRD lo define como: aquella persona encargada por el Estado acreditante de actuar con tal carácter, y como miembro de la misión se entiende el jefe de la misión y los miembros del personal. Otra definición puede ser: "son funcionarios especiales con carácter permanente, que obran conforme a las instrucciones impartidas por el soberano".[181] Los jefes de misión se dividen en tres, sin embargo, no se hará distinción alguna por razón de su clase (artículo 14): embajadores o nuncios acreditados ante jefes de Estado y otros jefes de misión de rango equivalente; enviados, ministros o internuncios acreditados ante jefes de Estado; encargados de negocios acreditados ante ministros de Relaciones Exteriores. El personal de la misión deberá ser de la nacionalidad del Estado acreditante (artículo 8), quedando excluidos los nacionales del receptor, excepto si otorga su consentimiento. El Estado acreditante deberá obtener el consentimiento del receptor respecto del nombramiento del jefe de misión; asimismo, si el receptor se negase a aceptar a una persona no está obligado a expresar motivos (artículo 4).

[179] Fabián Novak y Fernando Pardo Segovia, *op. cit.*, p. 86.
[180] *Ibidem*, p. 86.
[181] *Ibidem*, p. 34.

En nuestro país, de conformidad con la fracción III del artículo 89 de la CPEUM, la designación de embajadores la hará el presidente de la República, preferentemente entre los funcionarios de carrera de mayor competencia, categoría y antigüedad en la rama diplomática. Asimismo, la legislación contempla otros miembros (artículo 17 del Reglamento de la Ley del Servicio Exterior Mexicano [SEM], a saber: embajador o representante permanente; jefe de cancillería o representante alterno; agregados militares, navales, aéreos; ministros o consejeros de carrera y asimilados; secretarios de carrera y asimilados, agregados militares, navales y aéreos adjuntos; personal de la rama técnico-administrativa. En el caso de México desempeñan sus funciones a través de 79 misiones que tiene alrededor del mundo.[182]

Declaración de persona *non grata*

Persona *non grata*[183] o no bienvenida es aquella declaración que realiza el Estado receptor respecto de un funcionario diplomático o cualquier otro miembro del personal de la misión que no es aceptable. Puede realizarse en cualquier momento e incluso antes de su llegada, sin que se encuentre obligado a exponer motivos. Por lo que el Estado (artículo 9) que envía procede a retirarlo, derivado de que las relaciones consulares sólo se establecen mediante acuerdo mutuo. En caso de que no lo retirase, el receptor podrá negarse a reconocer como miembro de la misión a dicha persona y lo expulsa.

Embajador concurrente o representación concurrente

Es aquel "cuya cancillería se encuentra ubicada en un país distinto al cual es acreditado".[184] Esta figura se origina cuando el promovente (artículo 5), después de notificarlo a los receptores, acredita a un jefe de misión ante dos o más Estados. En consecuencia, el acreditante podrá establecer una misión diplomática dirigida por un encargado de negocios *ad interim*[185] en cada uno de los Estados en que el jefe de la misión no tenga sede permanente. Asimismo, el artículo 6 se refiere al supuesto de que dos o más Estados puedan acreditar a

[182] Al mes de abril de 2015.

[183] Término latino que significa "no grata, no deseada, no aceptada".

[184] Norma Alicia Canto Vera, *La función diplomática*, México, Universidad Autónoma de Baja California, 2006, p. 278.

[185] Expresión latina que significa "mientras tanto", "por un tiempo intermedio" o "temporalmente".

la misma persona como jefe de misión en un tercero, siempre y cuando no se oponga el receptor. En el caso de El Vaticano, no acepta concurrentes ante el gobierno de Italia.

FUNCIONES

Garantizar un conjunto de acciones de las que son beneficiarios el Estado acreditante y sus nacionales. Éstas se enuncian de manera no exhaustiva en el artículo 3, ya que la CDI introdujo en dicho artículo el término —principalmente—, dejando claro que éste no contenía todas y cada una de las funciones y que se pueden convenir más.

Dicho artículo dice: *a)* representar al Estado acreditante ante el receptor; *b)* proteger en el Estado receptor los intereses del acreditante y los de sus nacionales, dentro de los límites permitidos por el DIP; *c)* negociar con el gobierno del receptor; *d)* enterarse por todos los medios lícitos de las condiciones y la evolución de los acontecimientos en el receptor e informar sobre ello al gobierno del acreditante; y *e)* fomentar las relaciones amistosas y desarrollar las económicas, culturales y científicas entre el acreditante y el receptor.[186] A este listado se le incluyen usualmente: cumplir las normas de DIP relativas a la libre determinación de los pueblos y principio de no intervención, así como defender el prestigio y honor del acreditante; y promover la igualdad entre los Estados, solución pacífica de sus conflictos, respeto a los derechos humanos (DH), práctica democrática en la participación y toma de decisiones en los organismos internacionales (OI).[187]

Una de sus principales funciones es representar al acreditante ante el receptor en las negociaciones que sostengan, mediante la potestad de hablar en nombre de su gobierno. Consiste "en la manifestación externa de que el Estado acreditante participa con espíritu de buenas relaciones en los acontecimientos internos y externos del Estado receptor".[188] En los Estados Unidos Mexicanos, el artículo 43 de la Ley del SEM, publicada en el *Diario Oficial de la Federación* (DOF) del 4 de enero de 1994, señala como obligaciones del jefe de misión las siguientes:

- Mantener informada a la Secretaría de Relaciones Exteriores (SRE) sobre los principales aspectos de la vida política, económica, social y cultural del Estado, ante cuyo gobierno u OI estén acreditados, así como de sus relaciones, en los términos de las instrucciones recibidas de la propia SRE;

[186] CVSRD de 1961 (http://www.oas.org/legal/spanish/documentos/ConvencionViena.htm).
[187] *Cfr.* Luis Manuel Marcano Salazar, *op. cit.*, p. 54.
[188] Fabián Novak y Fernando Pardo Segovia, *op. cit.*, p. 104.

- Representar a México ante los OI y en reuniones de carácter intergubernamental, y mantener informada a la SRE de sus principales actividades o se desarrollen en esas reuniones. En todo caso, normarán su conducta por las instrucciones que reciban de la SRE;
- Requerir, cuando proceda y con las cortesías del caso: inmunidades, prerrogativas y franquicias que correspondan a los funcionarios diplomáticos mexicanos conforme a los tratados, y especialmente aquellas que nuestro país concede a los funcionarios diplomáticos de otros países; solamente la SRE puede renunciar a la inmunidad de jurisdicción de que gozan esos funcionarios en el extranjero; y,
- Supervisar el funcionamiento de la sección consular de la misión diplomática a su cargo, misma que quedará bajo su responsabilidad institucional.[189]

Debemos incorporar las contempladas en los artículos 59 y 61 del Reglamento de la Ley del SEM, publicado en el DOF el 23 de agosto de 2002, que a la letra señalan:

> informar a la SRE sobre privilegios, prerrogativas, franquicias y otras cortesías, que otorgue el gobierno receptor a los miembros del SEM acreditados ante aquél; guardar sigilo profesional, su violación dará motivo a la aplicación de sanciones, dependiendo de la gravedad e implicaciones de la falta, de acuerdo con los artículos 58 y correlativos de la Ley.[190]

Además de estas obligaciones, el artículo 58 del Reglamento de la Ley del SEM expresa a detalle funciones que desempeñará la misión diplomática:

- Defender dignamente el nombre e imagen de nuestro país;
- Coordinar las representaciones del gobierno de México ubicadas en el país de su adscripción;
- Mantener estrecha relación con los mexicanos que radiquen en el país donde se encuentran acreditados;
- Relacionarse con los distintos sectores de la sociedad del país ante los cuales estén acreditados, con responsables de los medios de comunicación e información y representantes de partidos políticos legalmente establecidos;
- Invitar a funcionarios del gobierno receptor, a personalidades locales, a diplomáticos de otros países, y otras personas de importancia en sus actividades diplomáticas y sociales;

[189] *Cfr*. Ley del SEM de 1994 (http://www.diputados.gob.mx/LeyesBiblio/pdf/96.pdf).

[190] Reglamento de la Ley del SEM de 2002 (http://2006-2012.sre.gob.mx/images/stories/marconormativodoc/regleysem.pdf).

- Informar a la SRE los nombres de funcionarios mexicanos que lleguen a su adscripción en comisión oficial y de sus actividades en el lugar;
- Atender a funcionarios públicos, legisladores y otros representantes mexicanos que lleguen al país de su adscripción, en comisión oficial, independientemente del partido político al que pertenezcan;
- Mantenerse informados sobre México y sobre el país donde se encuentren acreditados;
- Conocer el país en el cual están adscritos y viajar a través del mismo, de acuerdo con el programa de trabajo autorizado;
- Viajar a México al menos una vez al año para celebrar consultas y actividades inherentes a su función; y,
- Ejercer las funciones que le confieran las convenciones internacionales en materia diplomática de las que México sea parte y aquellas otras que le sean encomendadas por la SRE en los términos de las disposiciones jurídicas aplicables.[191]

Protección diplomática

En su cuadragésimo séptimo periodo de sesiones (1995), la CDI de la ONU decidió incluir en su agenda, sujeto a la aprobación de la Asamblea General (AG), el tema de protección diplomática. Considerando que sería complementario a los artículos sobre responsabilidad internacional de los Estados por hechos internacionalmente ilícitos. Ello, con la finalidad de estudiar el alcance y el contenido de la regla de agotamiento de recursos internos, nacionalidad de las personas físicas y jurídicas, protección funcional, problemas de apatridia y doble nacionalidad. La AG, en la Resolución 50/45 (1995), tomó nota de la sugerencia de incluirlos, y la CDI planteó las principales cuestiones a estudiar, posteriormente se decidió analizar la protección diplomática *stricto sensu*, derivada de los daños causados a la persona física o jurídica por el Estado extranjero. Fue así que en su 49ª sesión, la CDI designó como relator especial para la materia a Mohamed Bennouna, quien presentó dos informes. Sin embargo, en 1999, tras su renuncia, la Comisión nombró a Christopher John R. Dugard.

Éste ha presentado cinco informes, de los cuales la CDI decidió remitir el proyecto de 26 artículos, junto con la formulación alternativa para el artículo 21 propuesto por el Relator Especial. En su 56º periodo de sesiones, en 2004, la CDI examinó el informe del Comité de Redacción, aprobando en primera lectura este conjunto de proyectos de artículos sobre la protección diplomática con comentarios:

[191] *Idem.*

Artículo 1. Definición y alcance, Artículo 2. Derecho a ejercer la protección diplomática, Artículo 3. Protección por el Estado de la nacionalidad, Artículo 4. Estado de la nacionalidad de una persona física, Artículo 5. Continuidad de la nacionalidad, Artículo 6. Nacionalidad múltiple y reclamación frente a un tercer Estado, Artículo 7. Nacionalidad múltiple y reclamación frente a un Estado de la nacionalidad, Artículo 8. Apátridas y refugiados, Artículo 9. Estado de nacionalidad de una sociedad, Artículo 10. Continuidad de nacionalidad de una sociedad anónima, Artículo 11. Protección de accionistas, Artículo 12. Lesión directa a accionistas, Artículo 13. Otras personas jurídicas, Artículo 14. Agotamiento de recursos locales de la jurisdicción, Artículo 15. Tipo de reclamaciones, Artículo 16. Excepciones a la regla de recursos locales, Artículo 17. Acciones o procedimientos distintos de protección diplomática, Artículo 18. Disposiciones especiales de tratados, y Artículo 19. Tripulación de buques.[192]

El artículo 1 la define: "recurso a la acción diplomática o a otros medios de solución pacífica por un Estado que asume, por derecho propio, la causa de uno de sus nacionales en razón de un perjuicio sufrido por éste como resultado de un hecho internacionalmente ilícito de otro Estado".[193] La inclusión a este artículo de medios de solución pacífica ha sido criticada, señalando que no se consideraba necesaria, ya que el uso de la fuerza está prohibido por la Carta de la ONU, por lo que es notoriamente improcedente.[194] El artículo 3 señala que sólo podrá ejercer la protección diplomática el Estado de la nacionalidad de la persona (física o jurídica) afectada, con excepción de lo dispuesto en el artículo 8 del mismo proyecto, ya que podrá brindar la protección cuando un apátrida o un refugiado que en el momento del perjuicio tenga como residencia legal y habitual a la de ese Estado.

En el caso de doble o múltiple nacionalidad, esta protección se ejecutará respecto de su nacional de un Estado frente a otro del que no sea nacional (artículo 6). Respecto al agotamiento de recursos internos, el artículo 14 señala: Un Estado no podrá formular reclamación internacional en razón de un perjuicio causado a uno de sus nacionales o a una de las personas antes que la persona lesionada haya agotado todos los recursos internos. El artículo 16 señala excepciones a la regla de agotamiento de recursos: que dichos recursos

[192] *Cfr.* John Dugard, *Séptimo informe sobre la protección diplomática*, s.l., CDI, ONU, 2006 (http://legal.un.org/ilc/documentation/english/a_cn4_567.pdf).

[193] United Nations, International Law Commission. *Report1 on the work of its fifty-sixth session* (3 May to 4 june and 5 to 6 august 2004) General Assembly, Official records Fifty-ninth Session, Supplement No. 10 (A/59/10) (http://daccess-dds-ny.un.org/doc/UNDOC/GEN/N04/512/ 80/PDF/N0451280.pdf?OpenElement).

[194] *Cfr.* José Luis Vallarta Marrón, *op. cit.*, p. 108.

no ofrezcan posibilidad razonable de obtener reparación eficaz; que en su tramitación exista dilación indebida atribuible al Estado; que no exista vínculo pertinente entre la persona lesionada y el Estado o, de otro modo, dadas las circunstancias del caso, no resulte razonable tener que agotarlos; y que el Estado cuya responsabilidad se invoca haya renunciado a exigir que se agoten dichos recursos.[195]

Este artículo también causó polémica, ya que se consideraba que no debían de existir excepciones a la regla del agotamiento de recursos, la protección diplomática únicamente debe efectuarse una vez agotados. Asimismo, el artículo 17 no excluye la posibilidad de que las personas naturales u otras entidades puedan recurrir, de conformidad con el DIP, a una serie de acciones y procedimientos distintos a la protección diplomática, para alcanzar la reparación del perjuicio sufrido, como resultado de un hecho ilícito.

Privilegios e inmunidades diplomáticas

Con objeto de dar cumplimiento a las funciones encomendadas a la misión, se otorgarán a sus miembros una serie de privilegios e inmunidades, sin que puedan ser utilizados para provecho personal, ya que tienen como única finalidad que desempeñen sus labores; no son derechos subjetivos, sino "la titularidad de los derechos corresponde al Estado, cualidad inherente a su soberanía".[196] Constituyen "la excepción a la aplicación de la jurisdicción local, es decir, que los enviados diplomáticos de los Estados, por su calidad representativa, no son sujetos del orden jurisdiccional imperante en el Estado receptor".[197]

Tienen como fin proteger "a los funcionarios diplomáticos ante acciones que puedan orientarse contra ellos, con motivo de sus funciones de representación y tutela".[198] El jefe de misión contará con derechos de protección especiales: inviolabilidad de su persona, libertad o dignidad (artículo 29); no podrá ser objeto de ninguna forma de detención o arresto, ya que goza de inmunidad de la jurisdicción penal, civil y administrativa; no está obligado a testificar; no podrá ser objeto de ninguna medida de ejecución (artículo 32); está exento de las disposiciones sobre seguridad social vigentes en el Estado receptor (artículo 33), de todos los impuestos y gravámenes personales o reales, nacionales, regionales o municipales (artículo 34); asimismo, queda exento de toda prestación

[195] *Idem.*
[196] *Ibidem*, p. 278.
[197] *Idem.*
[198] Luis Manuel Marcano Salazar, *op. cit.*, p. 55.

personal, de todo servicio público cualquiera que sea su naturaleza y de cargas militares, tales como: requisiciones, contribuciones y alojamientos militares (artículo 35).

Respecto a locales diplomáticos, el jefe de misión tendrá derecho de adquirir los que requiera (artículo 21), colocar en ellos la bandera y escudo del Estado acreditante (artículo 20). Estos locales (artículo 22), archivos y documentos (artículos 24) son inviolables, por lo que su mobiliario y demás bienes no podrán ser objeto de ningún registro, requisa, embargo o medida de ejecución; además, el Estado receptor debe tomar medidas necesarias para protegerlos contra toda intrusión o daño y evitar que se turbe su tranquilidad o se atente contra su dignidad. Cabe señalar que la residencia particular goza de la misma inviolabilidad y protección, de igual manera documentos y correspondencia (artículo 30).[199] En el ejercicio de sus funciones diplomáticas, el jefe de la misión se encuentra exento del pago de impuestos y gravámenes (artículo 23), cuenta con libertad de circulación y tránsito en el Estado receptor (artículo 26), libertad de comunicación con el gobierno, misiones y consulados del Estado acreditante, también correspondencia oficial y valija diplomática son inviolables.[200]

Derecho consular

Se desarrolló a partir de la actividad comercial, a medida que se iba incrementando las funciones del cónsul aumentaban, nace de la necesidad de proteger a comerciantes y navegantes que realizaban sus actividades en países extranjeros. En principio, se vio como rama del derecho interno del país que envía, "cuya función era regular la actividad ciudadana en sus relaciones privadas y públicas",[201] vinculado estrechamente con el derecho administrativo, constitucional, tributario y civil.

La CVSRC codificó las distintas prácticas y normas en materia consular, como son su establecimiento y ejercicio; terminación de funciones; facilidades, privilegios e inmunidades relativos a la oficina; entre otros. Constituyéndose en referente obligatorio de relaciones consulares, no sólo por la ardua labor de desarrollo y codificación del derecho consular (DC), sino también por su vocación universal y porque rompió con la idea unipersonal de la institución, y en su lugar presentó una colectiva o del órgano.

[199] *Cfr.* CVSRD de 1961, *op. cit.*
[200] *Idem.*
[201] Luis Manuel Marcano Salazar, *op. cit.*, p. 65.

Actualmente, derivado de la globalización y los grandes cambios sufridos por la sociedad, ha evolucionado y modificado para hacer frente a nuevos retos. En este sentido, al DC, integrado por normas del derecho interno del Estado que envía, del derecho del Estado receptor y del DIP. Por lo que a la institución de la protección consular consagrada en la CVSRC, se le incorporaron nuevos elementos y otro significado.

Agentes consulares

El término cónsul proviene del latín *cónsul- ulis,* de conformidad con el Diccionario de la RAE significa: "persona autorizada en puerto u otra población de un Estado extranjero para proteger a las personas e intereses de los individuos de la nación que lo nombra, el jefe del servicio consular de su nación en el país en el que reside".[202] Es el funcionario del Estado encargado de ejercer diversas acciones en beneficio del país y sus nacionales en el extranjero; que a diferencia de los agentes diplomáticos, que tienen carácter representativo, realiza funciones administrativas: protege intereses del Estado acreditante y sus nacionales; fomenta el desarrollo de relaciones comerciales, económicas, culturales y científicas; informa las condiciones de los distintos órdenes de la vida del Estado receptor; ejecuta actos notariales y de registro civil; representa y defiende ante tribunales a los nacionales del Estado que envía, entre otras.

Funcionarios consulares honorarios

Es derecho de todo Estado decidir libremente si ha de nombrar o recibir funcionarios consulares honorarios (artículo 68), ya que el establecimiento de relaciones entre dos Estados se efectúa por consentimiento mutuo. El artículo 69 afirma que los honorarios son agentes que no han sido designados como jefes de oficina por el Estado que envía; asimismo, desarrollarán sus funciones y podrán disfrutar de los privilegios e inmunidades que acuerden el Estado receptor y el que envía.

Funcionarios consulares de carrera

El artículo 1 define y establece cuáles son los miembros de la oficina, a saber: jefe de oficina consular: es la persona encargada de desempeñar la función consular; funcionario consular: es toda persona, incluido el jefe de oficina

[202] RAE, *op. cit.*, p. 550.

consular, encargada con ese carácter del ejercicio de funciones consulares; empleado consular: es toda persona empleada en el servicio administrativo o técnico de una oficina consular; miembros de la oficina consular: son los funcionarios y empleados consulares y los miembros del personal de servicio; miembros del personal consular: son los funcionarios consulares salvo el jefe de oficina consular, los empleados consulares y los miembros del personal de servicio.[203]

El artículo 9 señala que los jefes de la oficina consular, son de cuatro categorías: cónsules generales, cónsules, vicecónsules y agentes consulares.[204] Los jefes de la oficina consular (artículo 10) serán nombrados por el Estado que envía y aceptados por el Estado receptor, de conformidad con sus leyes, reglamentos y usos. El Estado que envía (artículo 11) otorgará al jefe de la oficina consular un documento que acredite su calidad, mismo que debe contener: nombre, clase y categoría, circunscripción consular y sede de la oficina consular, que será transmitida al Estado receptor por vía diplomática u otra vía adecuada, si éste lo acepta le remitirá una notificación con los datos ya mencionados.[205]

En consecuencia, el Estado receptor (artículo 12) entregará el exequátur, versión castellana que significa "ejecútese", es la autorización que se otorga al jefe de la oficina consular para que pueda ejercer sus funciones; si no lo otorga no está obligado a comunicar sus motivos. Existe posibilidad de que una misma persona sea nombrada como funcionario consular para dos o más Estados, siempre con el consentimiento del Estado receptor. La declaración de persona *non grata*,[206] la hace el Estado receptor respecto de un funcionario consular, o cualquier miembro del personal consular, por medio de la cual expresa su desacuerdo con dicho nombramiento: puede realizarse en todo momento y aun antes de que la persona entre al territorio del Estado receptor o antes que inicie funciones.[207]

Establecimientos consulares

La Convención define (artículo 1) como locales consulares a edificios o partes de edificios y el terreno contiguo, cualquiera que sea el propietario, que se utilicen exclusivamente como oficina consular; la oficina será todo el consulado

[203] *Cfr.* CVSRC de 1963, *op. cit.*
[204] *Idem.*
[205] *Idem.*
[206] Término latino que significa "no grata".
[207] Véase Apartado 7.1.2. Declaración de persona *non grata*.

general, consulado o agencia consular. La sección consular (artículo 70), es el área de la embajada dedicada al ejercicio de estas funciones, para ello la misión diplomática podrá dirigirse: a las autoridades locales de la circunscripción consular; a las autoridades centrales del Estado receptor, siempre que lo permitan las leyes, reglamentos y usos de ese Estado o los acuerdos aplicables.[208] Cabe mencionar que los privilegios e inmunidades de los miembros de la misión diplomática que estén agregados a la sección consular, seguirán rigiéndose por las normas de DIP relativas a las relaciones diplomáticas.

Funciones consulares

La mayoría de los tratados ha optado por enunciar las funciones consulares, dado que su naturaleza y carácter complejo no han permitido llegar a una definición unánime. Una de las primeras que intentó definirlas fue la Convención sobre Agentes Consulares (CAC) del 20 de febrero de 1928, que en su artículo 10 afirma, de manera muy somera y remitiendo a la legislación nacional, que son aquellas que determina el Estado de envío, sin perjuicio de la legislación del receptor. Asimismo, en su artículo 1 manifiesta como funciones de los consulados: defender en el Estado receptor los intereses comerciales e industriales del Estado que envía y prestar a sus nacionales la asistencia y protección que necesiten.[209] Un mejor intento lo encontramos en la CVSRC: *a)* proteger en el Estado receptor los intereses del Estado que envía y de sus nacionales; *b)* fomentar el desarrollo de las relaciones comerciales, económicas, culturales y científicas; *c)* informarse por todos los medios lícitos de las condiciones y de la evolución de la vida comercial, económica, cultural y científica del Estado receptor; *d)* extender pasaportes y documentos de viaje; *e)* prestar ayuda y asistencia a los nacionales del Estado que envía; *f)* actuar en calidad de notario; *g)* velar por los intereses de los menores y de otras personas que carezcan de capacidad plena; *h)* representar a los nacionales del Estado que envía o tomar las medidas convenientes para su representación ante los tribunales y otras autoridades del Estado receptor; *i)* comunicar decisiones judiciales y extrajudiciales; *j)* ejercer los derechos de control o inspección de los buques y aeronaves que tengan la nacionalidad del Estado que envía; y *k)* prestar ayuda a los buques y aeronaves; entre otras.[210] Hay que agregar la función que consigna el artículo 17, que en un Estado en que el Estado enviador no tenga

[208] CVSRC de 1963, *op. cit.*

[209] *Cfr.* CAC de 1928 (http://proteo2.sre.gob.mx/tratados/ARCHIVOS/AGENTES%20CONSULARES.pdf).

[210] CVSRC de 1963, *op. cit.*

misión diplomática y que no esté representado por la misión de un tercer Estado, se podrá autorizar a un funcionario consular, con el consentimiento del Estado receptor y sin que ello afecte a su *status* consular, a que realice actos diplomáticos.[211]

Protección consular

La protección de los nacionales que radican en el extranjero es una de sus funciones más importantes. El término protección (del latín *protegere*) significa: "amparar, defender, favorecer o resguardar".[212] Así pues, surge de la obligación que tiene el Estado de proteger a sus nacionales aun cuando se encuentren fuera de su soberanía territorial. Se define como "el conjunto de acciones, gestiones e intervenciones de funcionarios consulares en el extranjero en beneficio de sus connacionales dentro de los límites permitidos por el DIP y siempre respetando la legislación interna de cada país".[213] Esta protección se encuentra consagrada en el artículo 36 que crea un mecanismo que estipula derechos individuales a los nacionales del Estado que envía. El estudio de dichos derechos generó gran polémica en los trabajos preparativos, la discusión versó sobre interpretación y existencia de derechos individuales dentro de una convención internacional, ya que pensaban que los tratados debían contener derechos y obligaciones sólo para los Estados y no para los individuos; sobre la obligación de notificar a los nacionales sus derechos. Ello porque enumera diversos derechos: comunicación de los cónsules con los nacionales del Estado que envía; notificación de los derechos consulares; visita a los nacionales que se encuentren de cualquier forma detenidos o puestos en prisión preventiva; representar a los nacionales ante tribunales extranjeros y organizar la defensa del connacional.[214]

Práctica mexicana

En el caso de los Estados Unidos Mexicanos, la CPEUM, en su artículo 89 fracción III, atribuye al presidente de la República la facultad de nombrar a los cónsules generales con aprobación del Senado. Asimismo, en su artículo 73 fracción XX faculta al Congreso de la Unión para legislar sobre organización y

[211] *Idem.*
[212] RAE, *op. cit.*, p. 1681.
[213] René David Mejía Quintana, *La protección consular*, 2015 (http://www.culturafronteriza.com/proteccion%20consular.htm).
[214] CVSRC de 1963, *op. cit.*

desarrollo del Cuerpo Consular;[215] y la fracción XXX del mismo artículo atribuye al Congreso la potestad para expedir leyes necesarias para hacer efectivas las facultades concedidas por la CPEUM a los Poderes de la Unión. De acuerdo con el artículo 89 fracción I, el Congreso expidió la actual Ley Orgánica de la Administración Pública Federal (APF) del 29 de diciembre de 1976. En su artículo 28, fracción II, faculta a la SRE para dirigir el SEM en sus ramas diplomática y consular. La ley consagra como función del SEM lo siguiente (artículo 2): promover y salvaguardar los intereses nacionales ante los Estados extranjeros y en los organismos y reuniones internacionales en los que participe México; proteger, de conformidad con los principios y normas del DIP, la dignidad y los derechos de los mexicanos en el extranjero, y ejercer las acciones encaminadas a satisfacer sus legítimas reclamaciones; mantener y fomentar las relaciones entre México y los miembros de la comunidad internacional, e intervenir en todos los aspectos de esos vínculos que sean competencia del Estado; intervenir en la celebración de tratados; entre otras.[216] El artículo 44 afirma que corresponde a los jefes de las oficinas consulares: proteger los intereses de México y sus nacionales y mantener informada a la SRE de la condición en que se encuentran los nacionales, particularmente en los casos en que proceda una protección especial; fomentar, en sus respectivas circunscripciones, el intercambio comercial y turismo con México e informar periódicamente a la SRE al respecto; ejercer funciones de juez del Registro Civil y Notariales.[217] En el Reglamento de la Ley del SEM del 23 de agosto de 2002, las funciones de la oficina consular se describen a detalle: asesorar y aconsejar en diversas materias; visitarlos cuando se encuentren detenidos, presos, hospitalizados o de otra manera en desgracia; asumir su representación. Por lo cual se cuenta con los siguientes programas: de repatriación de personas vulnerables; atención y asesoría jurídica; visitas a cárceles y centros de detención; atención consular a través de servicios telefónicos; seguridad de los migrantes; consulados móviles; prestación de servicios consulares en general; atención al público y otros.[218]

Privilegios e inmunidades consulares

Para garantizar su cumplimiento y ejecución, los funcionarios de la oficina consular gozan de privilegios e inmunidades. Es preciso mencionar que no son en beneficio propio, sino para servir al Estado que envía y a sus connacio-

[215] *Cfr.* CPEUM de 1917 (http://www.diputados.gob.mx/LeyesBiblio/htm/1.htm).
[216] *Cfr.* Ley del SEM de 1994, *op. cit.*
[217] *Idem.*
[218] *Cfr.* Reglamento de la Ley del SEM de 2002, *op. cit.*

nales, como lo menciona el preámbulo de la CVSRC de 1963. La inmunidad es el conjunto de tratos que, de acuerdo con el DIP, "debe conceder el Estado receptor a los órganos consulares de los Estados extranjeros, ubicados en su territorio, para que puedan desarrollar la misión que se les confía, con seguridad, libertad y decoro".[219] Cesarán cuando terminan sus funciones y abandone el territorio del Estado receptor o cuando expire el plazo dado para ello. La CVSRC establece dicho régimen de los funcionarios cónsules de carrera, de conformidad con lo siguiente:

- Oficinas consulares: uso de la bandera y escudo del Estado que envía (artículo 29), facilitar la adquisición de un lugar para el establecimiento de la oficina consular (artículo 30), inviolabilidad de locales consulares (artículo 31), exención de impuestos y gravámenes (artículo 32) e inviolabilidad de archivos y documentos consulares (artículo 33).
- Funcionarios consulares de carrera y otros miembros de la oficina consular: libertad de tránsito (artículo 34), libertad de comunicación (artículo 35) con el Estado que envía, con sus connacionales (artículo 35), con el Estado receptor (artículo 36).
- Funcionarios consulares de carrera y a los demás miembros de la oficina consular: inviolabilidad consular (artículo 41), no se encuentran sometidos a la jurisdicción de las autoridades judiciales y administrativas del Estado receptor (artículo 43), no estarán obligados a deponer sobre hechos relacionados con el ejercicio de sus funciones (artículo 44), exención de la inscripción de extranjeros y del permiso de residencia (artículo 46), exención del permiso de trabajo (artículo 47), de las disposiciones del régimen de seguridad social (artículo 48), y del régimen fiscal (artículo 49), entre otros.[220]

[219] Hermilo López-Bassols, *op. cit.*, p. 398.
[220] *Cfr.* CVSRC de 1963, *op. cit.*

Organización de las Naciones Unidas (ONU) y Organización de Estados Americanos (OEA)

Organización de las Naciones Unidas (ONU)

Naciones Unidas es el nombre utilizado por el presidente de Estados Unidos, Franklin D. Roosevelt, el 1 de enero de 1942, durante la Segunda Guerra Mundial, cuando los mandatarios de 26 naciones aprobaron su declaración, pero fue hasta 1945 que 50 Estados reunidos en la Conferencia de San Francisco, Estados Unidos, la crean; mediante la firma de su Carta constitutiva el 26 de junio de ese año. Cabe mencionar que Polonia no estuvo representada, sin embargo firmó el documento y por tanto se convirtió en el número 51. Al año 2015 cuenta con 193 miembros.

Entró en vigor el 24 de octubre de 1945,[221] de conformidad con lo establecido en su artículo 110, después de ser ratificada por la República de China, Francia, Unión de las Repúblicas Socialistas Soviéticas, Reino Unido de la Gran Bretaña e Irlanda del Norte y Estados Unidos, miembros permanentes del Consejo de Seguridad (CS), y por la mayoría de los demás signatarios. Tiene como objetivos preservar a las generaciones venideras del flagelo de la guerra, reafirmar la fe en los derechos fundamentales del hombre, crear condiciones bajo las cuales puedan mantenerse la justicia y el respeto a las obligaciones, promover el progreso social y elevar el nivel de vida dentro de un concepto más amplio de la libertad.[222]

Propósitos y principios

Sus propósitos y principios reflejan el anhelo de paz de los Estados después de vivir las atrocidades de la primera y la segunda guerras mundiales, por ello

[221] Día de la ONU.
[222] *Cfr.* Carta de la ONU de 1945, *op. cit.*

fueron establecidos dentro de su Carta (artículos 1 y 2) y permanecen como eje fundamental. El artículo 1 establece como propósitos: mantener la paz y la seguridad internacionales; fomentar entre las naciones relaciones de amistad basadas en el respeto al principio de la igualdad de derechos y la libre determinación de los pueblos; realizar la cooperación internacional en la solución de problemas internacionales de carácter económico, social, cultural o humanitario, respeto a los derechos humanos (DH) y las libertades fundamentales; servir de centro que armonice los esfuerzos de las naciones por alcanzar estos propósitos comunes.[223]

Como base para cumplirlos, la ONU y sus Estados apegarán su comportamiento a los siguientes principios (artículo 2): respetar la igualdad soberana de todos sus miembros; cumplir de buena fe las obligaciones contraídas, arreglar sus controversias internacionales por medios pacíficos, abstenerse de recurrir a la amenaza o uso de la fuerza contra la integridad territorial e independencia política de cualquier Estado, o cualquier otra forma incompatible con los propósitos de la ONU; prestar toda clase de ayuda en cualquier acción que ejerza de conformidad con la Carta; abstenerse de dar ayuda a Estado alguno contra el cual la organización estuviere ejerciendo acción preventiva o coercitiva y abstenerse de intervenir en los asuntos que son esencialmente de la jurisdicción interna de los Estados.[224]

Cabe destacar que tanto la Asamblea General (AG) como el CS y demás órganos principales y especializados del sistema de la ONU, han emitido todo tipo de declaraciones, resoluciones y recomendaciones que fortalecen los principios y propósitos señalados. Por ejemplo, en materia de desarme: A/RES/35/46 Declaración del decenio de 1980. Segundo Decenio para el Desarme; A/RES/45/62 Declaración del decenio de 1990. Tercer Decenio para el Desarme; A/RES/54/280 Acuerdo de relación entre la ONU y la Comisión Preparatoria de la Organización del Tratado de prohibición completa de los ensayos nucleares de 2000 y A/RES/55283. cooperación entre la ONU y la Organización para la Prohibición de las Armas Químicas de 2001,[225] por mencionar algunas.

Estructura

Integrada por seis órganos principales la AG, el CS, el Consejo Ecónomico y Social (Ecosoc), el Consejo de Administración Fiduciaria (CAF), la Corte Inter-

[223] *Idem.*

[224] *Idem.*

[225] Declaraciones y convenciones que figuren en las resoluciones de la AG de la ONU, Desarme, 2015 (http://www.un.org/spanish/documents/instruments/docs_subj_sp.asp?subj=38).

nacional de Justicia (CIJ) y la Secretaría General (SG). Sin embargo, el sistema es mucho más complejo, pues comprende organismos especializados, programas, fondos, departamentos, oficinas y otras entidades.

Asamblea General (AG)

Órgano democrático (capítulo IV, artículo 9-22 de la Carta) integrado por todos los miembros, su periodo de sesiones ordinarias comienza el martes de la tercera semana de septiembre de cada año, contando desde la primera semana en que haya al menos un día hábil, las extraordinarias se realizan a petición del CS, de la mayoría de los miembros o de un miembro si la mayoría está de acuerdo. Sus decisiones referentes a cuestiones importantes se toman por mayoría de dos tercios de los presentes y votantes, cada miembro tiene un voto. La Carta señala como cuestiones importantes las que se refieran a (artículo 18): mantenimiento de la paz y seguridad internacionales, elección de miembros no permanentes del CS, miembros del Ecosoc y del CAF; admisión, suspensión de derechos, privilegios y expulsión de Estados; régimen de administración fiduciaria y presupuestaria. Las demás cuestiones serán decididas por mayoría simple de los presentes y votantes. Tiene como facultades: recibir informes anuales y especiales del CS y otros órganos del sistema; examinar y aprobar el presupuesto; considerar los principios generales de cooperación en el mantenimiento de la paz y seguridad internacionales, incluidos los que rigen el desarme y regulación de armamentos; hacer recomendaciones respecto de tales principios a los miembros o al CS; discutir toda cuestión relativa al mantenimiento de la paz y la seguridad que presenten a su consideración y hacer recomendaciones acerca de tales cuestiones; llamar la atención del CS hacia situaciones susceptibles de poner en peligro la paz y seguridad, entre otras.

Consejo de Seguridad (CS)

Organo político (capítulo V, artículos 23-32 de la Carta), compuesto de cinco Estados permanentes: República de China, Francia, Federación de Rusia, Reino Unido de la Gran Bretaña e Irlanda del Norte y Estados Unidos, y 10 no permanentes que son electos por la AG de conformidad con criterios de: contribución al mantenimiento de la paz y seguridad internacionales y de distribución geográfica equitativa; permanecen en su encargo dos años.[226] Trabaja de manera continua, por lo que un representante de cada Estado se encuentra en

[226] *Cfr.* Carta de la ONU de 1945, *op. cit.*

todo momento en la sede de Nueva York. Sus decisiones, referentes a cuestiones procedimentales, son tomadas por el voto afirmativo de nueve miembros; todas las demás deben adoptarse mediante el voto afirmativo de nueve, sin que ninguno de los permanentes emita un voto negativo o veto. Sin embargo, los permanentes deben abstenerse cuando sean parte de la controversia sobre la cual se esté debatiendo.

Tiene como funciones mantener la paz y seguridad internacionales; elaborar planes para el establecimiento de un sistema de regulación de armamentos; instar a los Estados a solucionar sus conflictos de manera pacífica; investigar toda controversia o situación que pueda crear fricción internacional; determinar la existencia de amenaza, acto de agresión y recomendar medidas que deben adoptarse; instar a los miembros al empleo de medidas que no impliquen uso de fuerza, como sanciones para hacer efectivas sus decisiones; recurrir al uso de fuerza o autorizar su uso para mantener o restablecer la paz y seguridad internacionales; promover el arreglo pacífico de controversias mediante acuerdos regionales; recomendar a la AG la designación del SG, y junto con ella elegir a los jueces de la CIJ; recomendar a la AG la admisión de nuevos Estados.[227]

Consejo Económico y Social (Ecosoc)

Principal coordinador en materia económica y social del sistema (capítulos IX y X, artículos 55-72), su objetivo es generar condiciones de estabilidad y bienestar necesarias para las relaciones pacíficas y amistosas entre naciones, promoviendo niveles de vida elevados; trabajo permanente y digno; condiciones de desarrollo y progreso; solución de problemas económicos, sociales, sanitarios, culturales y educativos; respeto universal a los DH sin distinción de raza, sexo, idioma o religión.[228] Integrado por 54 elegidos por la AG por un periodo de tres años y de conformidad con el criterio de representación geográfica: 14 africanos, 11 asiáticos, seis de Europa oriental, 10 de América Latina y el Caribe, 13 de Europa occidental y otros. Se reúne durante todo el año en varios periodos cortos, en mesas redondas, etcétera; en junio celebra sesiones sustanciales de cuatro semanas, las cuales incluyen temas de alto nivel.

Funciones: servir de foro para el examen de problemas económicos y sociales, elaborar recomendaciones sobre los mismos; realizar o iniciar estudios e informes sobre asuntos internacionales; promover respeto y cumplimiento de los DH; prestar asistencia para preparación y organización de conferencias;

[227] *Cfr.* ONU, *ABC de Naciones Unidas, op. cit.*
[228] *Cfr.* Carta de la ONU de 1945, *op. cit.*

coordinar actividades de organismos especializados, como: Programa de Naciones Unidas para el Desarrollo (PNUD), el Programa de Naciones Unidas para el Medio Ambiente (PNUMA), ONU-Hábitat, el Fondo de Población de Naciones Unidas (UNFPA) y el Fondo de Naciones Unidas para la Infancia (UNICEF), entre otros.[229]

Consejo de Administración Fiduciaria (CAF)

Establecido (capítulo XIII, artículo 86-91 de la Carta) para supervisar los territorios en fideicomiso que habían sido confiados a siete países. Éste se desempeñó durante 49 años, pero a partir del 1 de noviembre de 1994 se suprimió la obligación de reunirse anualmente, determinaron sesionar sólo por decisión propia, a petición del presidente, de la mayoría, de la AG o el CS.[230] Sus funciones son:

> [...] examinar y debatir informes presentados por la autoridad administradora respecto del adelanto político, económico, social y educativo de la población de los territorios en fideicomiso y, en consulta con la autoridad administradora, examinar peticiones provenientes de los territorios en fideicomiso y realizar visitas periódicas y otras misiones especiales a esos territorios.[231]

Corte Internacional de Justicia (CIJ)

Es la instancia judicial del sistema (capítulo XIV, artículos 92-96 de la Carta), con sede en La Haya, Países Bajos, y su Estatuto forma parte de la Carta, por lo que todos los miembros están *ipso facto* sujetos a su jurisdicción. Integrada por 15 jueces elegidos por la AG y el CS, designados de conformidad a sus méritos personales, procurando que en ella se encuentren representados los principales sistemas jurídicos. Cabe mencionar que siempre se han incluido a los de nacionalidad de los cinco miembros permanentes. Tiene dos funciones principales: dirimir controversias entre Estados que hayan aceptado su jurisdicción, organismos internacionales (OI) (individuos u otros sujetos de Derecho Internacional Público [DIP] no pueden someter sus controversias) y emitir opiniones consultivas a solicitud de la AG o del CS. Así, es competente para conocer de todos los litigios que le sean sometidos y sobre los asuntos establecidos en la Carta, en los Estatutos y tratados en los cuales se haya establecido su competencia.

[229] *Cfr.* ONU, *ABC de Naciones Unidas, op. cit.*
[230] *Idem.*
[231] ONU, CAF, Situación actual, 2015 (http://www.un.org/es/mainbodies/trusteeship/).

La CIJ decidirá las controversias de conformidad con lo establecido en el artículo 38 de sus estatutos, mediante: convenciones internacionales, sean generales o particulares, que establecen reglas expresamente reconocidas por los Estados litigantes; costumbre internacional como prueba de una práctica generalmente aceptada como derecho; principios generales de derecho; decisiones judiciales y doctrinas de los publicistas de mayor competencia de las distintas naciones, como medio auxiliar para la determinación de las reglas de derecho; y *ex aequo et bono*, si las partes así lo convinieren.[232]

Secretaría General (SG)

Tiene su sede en Nueva York, se encarga de la labor administrativa (capítulo XV, artículos 97-101 de la Carta). Se encuentra integrada por funcionarios de diversas nacionalidades que trabajan a título propio, es decir, no representan a ningún Estado. El SG, electo por la AG con recomendación del CS, dura cinco años renovables por única vez. El SG rinde a la AG un informe anual sobre las actividades de la organización, además podrá llamar la atención al CS sobre cualquier asunto que ponga en peligro la paz y seguridad internacionales.

Funciones: prestar servicios a los demás órganos del sistema, Ecosoc y CAF, les asigna personal permanente adscrito a la secretaría; administrar programas y fondos, gestiona la Operación de Mantenimiento de la Paz (OMP) (Departamento de la OMP, integrado por la Oficina de Operaciones, de Asuntos Militares, de Fomento del Estado de Derecho y de las instituciones de seguridad, etcétera); realiza buenos oficios y mediación en conflictos; examina tendencias, problemas económicos y sociales y de DH,[233] entre otros.

Organización de Estados Americanos (OEA)

Como antecedente remoto fue la Primera Conferencia Internacional Americana, celebrada en Washington, D. C., del 2 de octubre de 1889 al 19 de abril de 1890, en la que se acordó crear la Unión Interamericana de Repúblicas Americanas, participando 18 Estados. Cabe mencionar que algunos estudiosos señalan como primer antecedente el Congreso de Panamá convocado por Simón Bolívar en 1826. Así pues, de manera periódica se realizaban reuniones como las Conferencias Interamericanas de Ministros de Relaciones Exteriores y otras, cuyo objetivo sería establecer lineamientos para hacer frente a los retos que

[232] *Cfr*. Estatuto de la CIJ de 1945, *op. cit.*
[233] *Cfr*. ONU, SG, Información General, 2015 (http://www.un.org/es/mainbodies/secretariat/).

afectaban al bloque, entre éstas podemos destacar: la Conferencia Interamericana sobre Problemas de la Guerra y la Paz, realizada en México en 1945; la Conferencia Interamericana para el Mantenimiento de la Paz y la Seguridad del Continente de 1947, así como el Tratado Interamericano de Asistencia Recíproca (TIAR) de 1947, ambos firmados en Río de Janeiro, Brasil.

Este trabajo sería retomado más tarde para nutrir de normas e instituciones al nuevo organismo, la OEA, creado en Bogotá, Colombia, el 8 de mayo de 1948, con la firma de su Carta constitutiva, de acuerdo con el artículo 140 entró en vigor el 13 de diciembre de 1951. Ha sido reformada y adicionada con diferentes instrumentos como el Protocolo de Buenos Aires de 1967, vigente hasta 1970; el Protocolo de Cartagena de Indias de 1985, que entró en vigor en 1988; el Protocolo de Managua de 1993, vigente hasta en enero de 1996, y el Protocolo de Washington de 1992, vigente en 1997.

Al 2015 se cuenta con 35 miembros y 69 observadores permanentes; un organismo observador permanente: la Unión Europea (UE).[234] Asimismo, mantiene relaciones con socios estratégicos como: Organizaciones No gubernamentales (ONG), que a partir de 1999 —con la adopción de la Resolución CP/RES. 759 "Directrices para la Participación de las Organizaciones de la Sociedad Civil en las Actividades de la OEA" pueden hacer presentaciones, proporcionar información, dar asesoría especializada, participar en las actividades operacionales vinculadas con el diseño, financiamiento y ejecución de programas de cooperación; Fundación Panamericana para el Desarrollo (Fupad), diversas universidades y Young Americas Business Trust (YABT). Este organismo tiene como objetivos, de acuerdo con el artículo 1 de su Carta: "lograr un orden de paz y de justicia, fomentar su solidaridad, robustecer su colaboración y defender su soberanía, su integridad territorial y su independencia".[235]

PROPÓSITOS Y PRINCIPIOS

El artículo 2 de la Carta establece como propósitos: afianzar la paz y seguridad internacionales; promover el principio de no intervención; asegurar la solución pacífica de controversias; organizar la acción solidaria en caso de agresión; promover el desarrollo económico, social, cultural y alcanzar la eliminación de armamentos convencionales. Se regirán por los siguientes principios (artículo 3 de la Carta): el DIP como norma de conducta para sus miembros y su cumplimiento de buena fe; respeto a la personalidad, soberanía e independencia de los Estados; no intervención en los asuntos internos como la elección de su

[234] *Cfr.* OEA, ¿Quiénes somos?, 2015 (http://www.oas.org/es/acerca/quienes_somos.asp).
[235] Carta de la OEA de 1948, *op. cit.*

sistema político, económico y social; eliminación de la pobreza crítica; consolidación de la democracia representativa; condena de la agresión; legítima defensa colectiva; solución pacífica de controversias; solidaridad, justicia y seguridad social como base para la paz duradera; cooperación económica, DH, educación y unidad continental.[236]

Los principios y propósitos son similares a los de la ONU, sin embargo, nada en la Carta de la ONU establece que organismos regionales se deban abstener de realizar funciones en las mismas materias. Por ejemplo, en el mantenimiento de la paz y la seguridad internacional en su capítulo VIII (artículos 52, 53 y 54) establece: ninguna disposición de la Carta se opone a la existencia de acuerdos regionales, siempre que éstos sean compatibles con los propósitos y principios de la ONU; el CS utilizará dichos acuerdos para aplicar medidas coercitivas bajo su autoridad, sin embargo, afirma que no se establecerán medidas coercitivas emanadas de acuerdos regionales sin su autorización; y se deberá mantener al CS en todo momento plenamente informado de las actividades emprendidas por órganos regionales para el mantenimiento de la paz. Correlativamente, la Carta de la OEA (artículo 131) instituye que ninguna de las estipulaciones de esta Carta se interpretará en el sentido de menoscabar los derechos y obligaciones de los miembros de acuerdo con la Carta de la ONU, y el artículo 29 nos refiere al TIAR, que señala (artículo 3) la aplicación de la legítima defensa colectiva, en tanto el CS de la ONU no haya tomado medidas necesarias para mantener la paz y seguridad regionales.

Estructura

La OEA realiza sus funciones a través de los siguientes órganos: AG (artículos 54-60 de la Carta); Reunión de Consulta de Ministros de Relaciones Exteriores (artículo 61-69), Consejo Permanente (CP) (artículos 80-92); Consejo Interamericano para el Desarrollo Integral (CIDI) (artículos 93-98), Comité Jurídico Interamericano (CJI) (artículos 99-105), Comisión Interamericana de Derechos Humanos (CIDH) (artículo 106), SG (artículos 107-121), y otras entidades establecidas por el sistema como la CIDH (artículo 106).[237]

Asamblea General (AG)

Se instituye como órgano supremo, su sede se establece bajo el principio de rotación, se encuentra integrada por todos los miembros, cada uno tiene derecho

[236] *Idem.*
[237] *Idem.*

a voto. Se reúne anualmente en el país que haya determinado la AG anterior, si por alguna razón no pudiese hacerlo en el lugar acordado, sesionará en la sede de la SG de Washington, D. C., sin perjuicio de que algún Estado ofreciere oportunamente ser sede y si el CP así lo acordare. Las sesiones extraordinarias serán convocadas por el Consejo Permanente, en circunstancias especiales y con la aprobación de dos tercios de los miembros. Las decisiones son tomadas por el voto afirmativo de la mayoría absoluta y se requerirá el voto de dos tercios en los siguientes casos: cuando se determine si es procedente autorizar al secretario general para que permita al Estado solicitante de ingreso firmar la Carta y para que acepte el depósito del instrumento de ratificación correspondiente; decida aplicar o levantar suspensión de un miembro; aprobar su reglamento; resuelva sobre asuntos presupuestarios; disponga remover al SG, o al secretario adjunto o ambos; encomiende un estudio técnico a la Reunión de Consulta de Ministros de la SRE y los casos que determine su reglamento.[238]

Funciones: decidir la acción y políticas generales; dictar disposiciones para la coordinación de actividades de sus órganos; armonizar la cooperación con la ONU y sus organismos especializados; propiciar la colaboración económica, social y cultural entre los miembros; aprobar su programa-presupuesto; adoptar reglas generales de funcionamiento de la SG; aprobar su reglamento y establecer bases para fijar cuotas.

Reunión de Consulta de Ministros de Relaciones Exteriores

Es órgano de consulta, considera problemas de carácter urgente y de interés, su temario y reglamento son preparados por el CP y sometidos a aprobación. Cuenta con un grupo asesor: Comité Consultivo de Defensa, que lo apoya en problemas que impliquen colaboración militar, se integra por autoridades militares de alto nivel de los Estados miembros de la Reunión de Consulta, y cada país tiene un voto; puede elaborar estudios técnicos o informes sobre temas específicos que le hayan sido encomendados por la AG, Reunión de Consulta o por dos terceras partes.[239] La Reunión de Consulta sesiona por solicitud de cualquier Estado parte, dirigida al CP, que lo aprobará por mayoría absoluta de votos; en caso de ataque armado al territorio de un miembro, el presidente del CP convocará sin demora.

[238] *Idem.*
[239] *Idem.*

Consejo Permanente (CP) y Consejo Interamericano para el Desarrollo Integral (CIDI)

Los consejos dependen directamente de la AG, se integran por todos los miembros y cada uno cuenta con un voto y podrán celebrar reuniones en cualquier Estado. Tienen como funciones: realizar recomendaciones; presentar estudios y propuestas a la AG como proyectos de instrumentos internacionales, proposiciones de celebración de conferencias especializadas; crear, modificar y suprimir organismos y otras entidades; convocar conferencias; requerir al otro consejo, órganos subsidiarios y organismos información y asesoramiento; crear órganos con aprobación de la AG; redactar sus estatutos, sometiéndolos a la aprobación de la AG y sus reglamentos.

También conoce de cualquier asunto que le someta la AG o la Reunión de Consulta, tiene como competencia velar por el mantenimiento de las relaciones de amistad entre los miembros, por lo que cualquier parte de una controversia, que no se encuentre en ninguno de los procedimientos establecidos por la Carta, puede recurrir a éste, que le asistirá y realizará recomendaciones. En el ejercicio de estas funciones, el consejo adoptará sus decisiones por el voto afirmativo de dos tercios, salvo las que su reglamento autorice por mayoría simple. Para el ejercicio de estas atribuciones, el consejo tendrá que (artículo 91, Carta):

- Ejecutar aquellas decisiones de la AG o de la Reunión de Consulta de Ministros de RE cuyo cumplimiento no haya sido encomendado a ninguna otra entidad;
- Velar por la observancia de las normas que regulan el funcionamiento de la SG y, cuando la AG no estuviere reunida, adoptar las disposiciones de índole reglamentaria que habiliten a la SG para cumplir sus funciones administrativas;
- Actuar como Comisión Preparatoria de la AG en las condiciones determinadas por el artículo 60, a menos que la AG lo decida en forma distinta;
- Preparar con la cooperación de los órganos apropiados, proyectos de acuerdo para promover y facilitar la colaboración entre la OEA y la ONU o con otros organismos americanos de reconocida autoridad. Estos proyectos serán sometidos a aprobación de la AG;
- Formular recomendaciones a la AG sobre su funcionamiento y coordinación de sus órganos subsidiarios y comisiones;
- Considerar los informes del CIDI, del Comité Jurídico, de la CIDH, de la SG, de los organismos, conferencias especializadas de los demás órganos

entidades, presentar a la AG las observaciones y recomendaciones que estime del caso.[240]

El consejo se compone de un representante a nivel ministerial o equivalente de cada miembro, su finalidad es promover la cooperación para el desarrollo integral en lo económico, social, educacional, cultural, científico y tecnológico, así como contribuir a la eliminación de la pobreza crítica. En este sentido, debe (artículo 95, Carta): formular y recomendar a la AG un plan estratégico que articule políticas y programas de cooperación para el desarrollo; directrices para elaborar el programa-presupuesto; promover, coordinar y responsabilizarse de la ejecución de proyectos de desarrollo ante los órganos subsidiarios en el ámbito económico y social, incluyendo comercio, turismo, medio ambiente, investigación científica y tecnológica, cultural y conciencia cívica; establecer relaciones de cooperación con la ONU y otras entidades nacionales e internacionales evaluar actividades de cooperación.[241]

Comité Jurídico Interamericano (CJI)

Es el cuerpo consultivo para asuntos legales, tiene su sede en Río de Janeiro, cuenta con un Estatuto. Está integrado por 11 juristas de países miembros, elegidos por la AG para un periodo de cuatro años, de conformidad con criterios de equidad representativa geográfica, por lo que no habrá dos miembros de la misma nacionalidad. Cuenta con autonomía técnica y representa a todos los miembros. Tiene como funciones: promover el desarrollo progresivo y codificación del DIP, estudiar problemas jurídicos e impulsar la uniformidad de las legislaciones. En el ejercicio de sus funciones ha establecido acuerdos de cooperación con diversas universidades, institutos y centros docentes. Su trabajo abarca temas tan variados como: recibos de almacenaje electrónicos para productos agrícolas, orientación sexual, identidad y expresión de género, legislación modelo sobre protección de bienes culturales, celebración de convenios bilaterales, responsabilidad social de las empresas en el campo de los DH,[242] etcétera.

[240] *Idem.*
[241] *Idem.*
[242] *Cfr.* Catálogo de informes y resoluciones del CJI (1942-2013) (http://www.oas.org/es/sla/cji/docs/memoria_catalogo_informes_resoluciones_2013.pdf).

Comisión Interamericana de Derechos Humanos (cidh)

Fue establecida en el artículo 106 de la Carta y en la CADH (artículos 34-51), tiene su sede en Washington, D.C., y su función principal es promover la observancia, defensa de los DH y ser órgano consultivo en la materia. También representa a todos los miembros. Se integra por siete personas de la más alta autoridad moral y de reconocida experiencia en DH, elegidos por la AG, a título personal, por un periodo de cuatro años y reelegibles una sola vez. No puede haber más de un nacional del mismo Estado. En caso de vacantes, que no se deban a la expiración normal del mandato, el consejo realizará su designación de conformidad con su propio Estatuto.

Sus funciones: estimular la conciencia sobre DH en los pueblos de América; recomendaciones para que adopten medidas progresivas en favor de los DH; preparar estudios e informes para el desempeño de sus funciones; solicitar informes sobre las medidas que adopten en esta materia; atender las consultas que, por medio de la SG, le formulen los miembros; actuar respecto de las peticiones y otras comunicaciones en ejercicio de su autoridad; y rendir un informe anual a la AG.[243]

Cabe mencionar que otra de las funciones de la comisión es la adopción de medidas cautelares cuando la petición se le haya hecho a ella, atendiendo a que puede recomendarlas de forma previa o posterior a la admisibilidad de un caso ante la CIDH, o puede solicitarle a ésta medidas provisionales cuando así sea necesario.[244]

Corte Interamericana de Derechos Humanos (corte idh)

La Corte (artículos 52-69 de la CADH), cuya sede se encuentra en San José, Costa Rica, se compone de siete jueces de los Estados de la OEA, elegidos a título personal, de reconocida competencia, electos en votación secreta y por mayoría absoluta de los Estados parte de la convención, en la AG (no debe haber dos jueces de la misma nacionalidad), por un periodo de seis años, renovables por una vez. El quórum para deliberaciones es de cinco jueces, cuenta con un Estatuto, aprobado por la AG, y su reglamento. Tiene como funciones:

[243] *Cfr*. Carta de la OEA de 1948, *op. cit.*

[244] *Cfr*. Edgar Corzo Sosa, *Medidas provisionales de la Corte Interamericana de Derechos Humanos*, México, IIJ-Tirant lo Blanch, 2014, p. 13.

- *Jurisdiccional*. La Corte podrá conocer cualquier caso referente a la interpretación o aplicación de la Convención IDH o de otros tratados concernientes a su protección, que le sea sometido por los Estados parte o la comisión.
- *Medidas provisionales*. Cuando el caso sea de extrema gravedad y necesario evitar daños irreparables a las personas, determinará medidas provisionales. Si la situación no es de su conocimiento, podrá actuar a solicitud de la comisión.
- *Consultiva*. Cualquier miembro podrá solicitar opiniones acerca de la compatibilidad de su legislación interna y los instrumentos jurídicos de DH.

El fallo es motivado y en caso de no existir opinión unánime se puede incorporar la opinión disidente o individual es definitivo e inapelable; sin embargo, a solicitud de cualquiera de las partes, dentro de los 90 días a partir de la notificación del mismo, puede interpelarlo. Asimismo, las partes están obligadas en todo caso a dar cumplimiento al fallo, si éste dispone de una indemnización, la misma deberá ejecutarse de conformidad con el procedimiento interno vigente en el Estado culpable.

Secretaría General (SG)

Es el órgano permanente cuya sede se encuentra en Washington, D. C., y ejerce funciones administrativas. Electo por la AG para un periodo de cinco años, renovables por una sola vez, sin ser sucedido por una persona de su misma nacionalidad, es el representante legal y el responsable ante la AG del cumplimiento de sus obligaciones; podrá participar, con derecho a voz pero sin voto, en todas las reuniones y llamar la atención de la AG o del CP sobre cualquier asunto que considere pueda afectar la paz y seguridad internacionales. Funciones: promover las relaciones económicas, sociales, jurídicas, educativas, científicas, culturales y la eliminación de la pobreza en todos los Estados parte; transmitir *ex officio*[245] a los miembros la convocatoria de la AG; de la Reunión de Consulta de Ministros de la SRE, del Consejo para el Desarrollo Integral y de las Conferencias Especializadas; asesorar a los otros órganos; preparar el proyecto de programa-presupuesto; proporcionar a la AG y a los demás órganos sus servicios; custodiar los documentos y archivos; servir de depositaria de los tratados interamericanos; presentar a la AG un informe anual sobre actividades y del estado financiero; y establecer relaciones de cooperación con otros organismos.

[245] Locución latina "por virtud del oficio o cargo de uno".

Capítulo noveno

Uso de la fuerza y Derecho Internacional Humanitario (DIH)

Renuncia a la guerra y prohibición del uso de la fuerza

A partir de las Conferencias de La Haya de 1899 y 1907, cuyos objetivos fueron debatir acerca de la paz y el desarme, se logró avanzar en la reglamentación de la guerra y la creación de un tribunal de arbitraje, ya que antes uno de los derechos inherentes de los Estados era poder recurrir a la fuerza de manera discrecional. Se adoptó el "Convenio para el arreglo pacífico de controversias internacionales", en el cual se establecieron como métodos: buenos oficios, mediación y arbitraje, mediante la creación de la Corte Permanente de Arbitraje (CPA). Sin embargo, después de la Primera Guerra Mundial, con la adopción del Tratado de Versalles el 28 de junio de 1919 y el consecuente establecimiento de la Sociedad de Naciones (SDN) se buscó el mantenimiento de la paz y la seguridad internacionales, por lo cual sus miembros, como señala el preámbulo, aceptan no recurrir a la guerra, así como adquieren la obligación (artículo 8) de reducir al *minimum* los armamentos nacionales; respetar y mantener (artículo 10) libre de toda agresión la integridad territorial e independencia política de los miembros de la sociedad internacional.[246]

Aunado a lo anterior, en el Pacto Briand-Kellogg del 27 de agosto de 1928, 15 Estados se comprometieron a no utilizar la guerra como mecanismo de solución de conflictos y se consiguió la renuncia de las partes a la agresión como instrumento de política nacional en sus relaciones (artículos 1 y 2). Cabe destacar que algunos tratadistas señalan que los conflictos menores, no catalogados como guerra, en ese momento seguían vigentes, tales como: defender a los nacionales en el extranjero que se vieran afectados sus intereses (como

[246] *Cfr*. Pacto de la SDN de 1919 (http://ocw.uc3m.es/periodismo/periodismo-internacional-ii/lecturas/leccion7/Pacto_de_la_Sociedad_de_Naciones.pdf).

desde antaño se aplicaba, ejemplo: la guerra de los pasteles, Francia *vs.* México), las represalias e intervenciones "humanitarias".

La SDN tuvo una existencia efímera debido a que no fue capaz de solucionar este tipo de conflictos menores (entre Polonia y Lituania, 1920; Finlandia y Suecia, 1921; Colombia y Perú, 1932), ni evitar las agresiones de las potencias imperantes, sumado a la ausencia de Estados Unidos, Alemania, Turquía, entre otras, y el estallido de la Segunda Guerra Mundial. Por lo que decide su disolución y establecer otra diferente, la Organización de las Naciones Unidas (ONU), cuyos propósitos serían los mismos: paz y seguridad internacionales. Sus miembros declaran en el preámbulo de la Carta: "Nosotros los pueblos de las Naciones Unidas, resueltos a preservar a las generaciones venideras del flagelo de la guerra que dos veces durante nuestra vida han infligido a la humanidad sufrimientos indecibles[...] hemos decidido aunar nuestros esfuerzos para realizar estos designios",[247] en congruencia el artículo 2.4 señala: los miembros se abstendrán de recurrir a la amenaza o al uso de la fuerza.[248]

Reforzando este precepto, la Resolución 2625 (XXV) establece que toda amenaza o uso de la fuerza constituye una violación al Derecho Internacional Público (DIP) y a la Carta, asimismo, que la guerra constituye un crimen contra la paz y por tanto entraña responsabilidad internacional. Esta prohibición implica (Resolución 2625): no realizar propaganda en favor de las guerras; amenazar o utilizar la fuerza para violar las fronteras internacionales; violar líneas internacionales de demarcación, tales como las líneas de armisticio; efectuar actos de represalia que impliquen el uso de la fuerza; cualquier medida que prive de su derecho a la libre determinación, libertad e independencia a los pueblos; organizar o fomentar la organización de fuerzas irregulares o bandas armadas, incluidos mercenarios, para hacer incursiones en territorio de otro Estado; organizar, instigar, ayudar o participar en actos de guerra civil, terrorismo o consentir actividades dentro de su territorio encaminadas a la comisión de los mismos.[249]

Excepciones

La prohibición del uso de la fuerza no es absoluta, admite dos excepciones contenidas en la Carta: legítima defensa individual o colectiva y resoluciones del Consejo de Seguridad (CS) que adopte a fin de mantener la paz y seguridad

[247] Carta de la ONU de 1945, *op. cit.*

[248] *Idem.*

[249] Declaración sobre los principios de DI referentes a las relaciones de amistad y a la cooperación entre los Estados de conformidad con la Carta de la ONU de 1970, *op. cit.*

internacionales. La legítima defensa es el derecho inmanente de todo Estado de llevar a cabo acciones que sean necesarias para repeler, de manera individual o colectiva, una agresión o ataque injusto, actual e inminente. En consecuencia, el Estado que ejerza legítimamente este derecho no será responsable internacionalmente por acto de agresión. Esta figura se encuentra establecida en el artículo 51, el cual afirma que ninguna disposición de la misma menoscabará este derecho y la constriñe a ciertos presupuestos:

- Se puede ejercer solamente en caso de ataque armado (no en situaciones de amenaza ni quebrantamiento de la paz). Este requisito se ha debatido ampliamente, algunos tratadistas señalan que la interpretación restrictiva puede ser devastadora para el Estado que recibe la agresión, ya que con las armas de destrucción masiva que actualmente poseen algunos países, esperar a recibir dicho ataque puede generar su desaparición. Por ejemplo: el caso de un misil, que si nos apegamos a la visión restrictiva, tendríamos que esperar al momento en el que el misil haya caído sobre el territorio del Estado-víctima, si suponemos que el último momento en que pudo llegarse a una solución pacífica es cuando el misil es lanzado, entonces, a partir de ese momento puede tomar las medidas necesarias para repelerlo; consideramos que en este último supuesto el Estado-víctima se apega al derecho de legítima defensa y por tanto no es responsable.[250]
- Hasta en tanto el CS adopte las medidas necesarias para el restablecimiento de la paz y seguridad internacionales.
- Toda medida tomada como respuesta de un ataque será comunicada inmediatamente al CS.

Asimismo, la doctrina incluye como requisitos: proporcionalidad de la repuesta e inmediatez.

Respecto a la legítima defensa colectiva, la Carta establece en su capítulo VII "Acuerdos regionales", que ninguna disposición (artículo 52) se opone a la existencia de coaliciones u organismos regionales cuyo fin sea entender los asuntos relativos al mantenimiento de la paz y la seguridad internacionales, y que sean susceptibles de tomar acción local, si también dispone que el CS (artículo 53) utilizará dichos acuerdos, para aplicar medidas coercitivas bajo su autoridad y, en todo caso, no se aplicarán en virtud de éstos sin autorización del CS. Por ejemplo, la Carta de la Organización de Estados Americanos (OEA)

[250] *Cfr*. Emmanuel Guerisoli, *Evolución del concepto de legítima defensa*, Buenos Aires, Centro Argentino de Estudios Internacionales, 2015 (http://www.caei.com.ar/sites/default/files/19_6.pdf).

señala que (artículo 131) ninguna de las estipulaciones de su Carta se interpretará en el sentido de menoscabar derechos y obligaciones de los miembros de la Carta de la ONU. En este sentido, el artículo 29 señala: los Estados americanos, en desarrollo de los principios de la solidaridad continental o de la legítima defensa colectiva, aplicarán las medidas y procedimientos establecidos en los tratados especiales, existentes en la materia.[251]

A nivel regional esta materia se regula a través del Tratado Internacional de Asistencia Recíproca (TIAR) que específicamente en sus artículos 3 y 5 hacen eco de la Carta de la OEA y de la ONU, y agregan que cada una de las partes podrá determinar medidas inmediatas que adopte individualmente, en tanto el CS de la ONU no haya tomado las medidas necesarias para mantener la paz. Asimismo, estos artículos hacen referencia a las obligaciones que tiene la OEA con el CS de otorgarle información completa e inmediata de las actividades desarrolladas en el ejercicio de este derecho, así como los límites del continente americano, el procedimiento a seguir en caso de una agresión y actos que se considerarán como tales (artículo 9):[252] "*a)* ataque armado, no provocado, por un Estado, contra el territorio, población o fuerzas terrestres, navales o aéreas de otro; y *b)* invasión, por la fuerza armada de un Estado, del territorio de uno americano, mediante el traspaso de fronteras demarcadas de conformidad con un tratado, sentencia judicial, o laudo arbitral o, a falta de fronteras así demarcadas, la invasión que afecte una región que esté bajo la jurisdicción efectiva de otro".[253]

Ahora bien, antes de que el CS adopte cualquier medida, debe determinar (artículo 39) la existencia de toda amenaza, quebrantamiento a la paz o acto de agresión, y posteriormente las recomendaciones y medidas pertinentes de conformidad con los artículos 41 y 42 de la Carta. Se entiende como amenaza los indicios de estar inminentemente frente a alguna cosa mala o desagradable, anunciarla, presagiarla.[254] En la práctica el CS ha determinado como amenazas a la paz situaciones específicas entre Estados, conflictos entre ellos o al interior que tengan una dimensión regional o subregional, como actos terroristas, proliferación de armas de destrucción masiva, tráfico de armas, etcétera.

Las amenazas actuales a la paz y seguridad consideradas por el CS incluyen situaciones en: Afganistán, Bosnia y Herzegovina, Chad, República Centroafricana, Côte d'Ivoire, la República Democrática del Congo, Haití, Líbano, Liberia, Libia, Somalia, Sudán, Siria, Ucrania y Medio Oriente, entre otras. Quebrantar

[251] Carta de la OEA de 1948, *op. cit.*

[252] TIAR de 1947 (http://www.oas.org/juridico/spanish/tratados/b-29.html).

[253] *Idem.*

[254] *Cfr.* RALE, *op. cit.*, p. 126.

es la acción de romper o separar con violencia,[255] en este sentido a la paz, se refiere a la violación o tranquilidad y orden internacional. El CS ha considerado que las acciones que dan lugar a un quebrantamiento de la paz son muy limitadas y se producen sólo en escenarios en los que se ha utilizado la fuerza armada. Algunos tratadistas sostienen que sólo en cuatro ocasiones ha determinado esta figura: tres durante la Guerra Fría (Guerra de Korea, Conflicto de las Malvinas y entre Irán e Irak), y uno más al final de dicho periodo (Invasión de Kuwait). Asimismo, asevera que son sucesos en los que se ha hecho uso de la fuerza armada en un conflicto bélico, pero en el cual no se ha querido utilizar el término "agresión".[256]

En cuanto a la agresión, la Resolución 3314 (XXIX) de la AG, 14 de diciembre de 1974, define como "el uso de la fuerza armada por un Estado contra la soberanía, la integridad territorial o la independencia política de otro Estado, o en cualquier otra forma incompatible con la Carta de la ONU".[257] En estos ejemplos se determinó lo que debe entenderse por quebrantamiento a la paz, podríamos decir que en ellos se cometió una agresión, sin embargo, la propia resolución establece que el CS "puede concluir, de conformidad con la Carta, que la determinación de que se ha cometido un acto de agresión no estaría justificada a la luz de otras circunstancias pertinentes, incluido el hecho de que los actos de que se trata o sus consecuencias no son de suficiente gravedad".[258]

La misma enumera una serie de actos que podrían considerarse dentro de este término (artículo 4 de la Resolución 3314), sin embargo, el listado no es exhaustivo, ya que es facultad del CS determinar de manera discrecional que otros actos constituyen agresión: invasión de un Estado por otro; ataque (contrario a lo establecido en el artículo 51) de fuerzas armadas de un Estado contra otro o contra la población civil; ocupación militar que derive de los actos anteriores y que implique el uso de la fuerza; bombardeo; bloqueo de puertos o costas; uso de las fuerzas armadas; disposición de un territorio propio de un país para que otro pueda agredir a un tercero; o envío de grupos irregulares, generalmente denominados paramilitares o mercenarios que lleven a cabo actos armados contra otro.[259]

El CS es muy cuidadoso al calificar un acto como agresión, la primera vez que determinó que ocurrió un acto de este tipo fue de Sudáfrica contra la

[255] *Ibidem*, p. 1703.

[256] *Cfr.* María Lorena, Rossel Castagneto, "El Consejo de Seguridad y el nuevo orden internacional", *Revista de Derecho de la Universidad Católica de Valparaíso XXII*, vol. 23, Chile, Publicaciones de la Escuela de Derecho, 2002, p. 517.

[257] ONU, AG, Resolución 3314 (XXIX) de 1974 (http://www.dipublico.com.ar/4071/definicion-de-la-agresion-resolucion-3314-xxix-de-la-asamblea-general-de-las-naciones-unidas/).

[258] *Idem*.

[259] *Idem*.

República Popular de Angola. Cabe mencionar que, en 2010, de las 53 resoluciones adoptadas por el CS, 32 fueron en virtud del capítulo VII (artículos 39-51); es decir, 60.3 por ciento, mientras que en 2011 fueron 43 de las 66, lo que corresponde a 65.2 por ciento, la mayor parte de éstas concernieron a OMP y a la imposición, ampliación, modificación o cancelación de sanciones.[260]

Ahora bien, el CS, al determinar si se encuentra la comunidad frente a una amenaza, quebrantamiento a la paz o acto de agresión, puede adoptar las medidas necesarias que no involucren el uso de la fuerza: "interrupción total o parcial de las relaciones económicas, comunicaciones ferroviarias, marítimas, aéreas, postales, telegráficas, radioeléctricas y otros medios de comunicación, así como la ruptura de relaciones diplomáticas".[261] O aquellas que sí implican su uso (artículo 42) "por medio de fuerzas aéreas, navales o terrestres, pueden ser: demostraciones, bloqueos y otras operaciones ejecutadas por fuerzas aéreas, navales o terrestres de miembros de las Naciones Unidas".[262]

Dichas medidas son conocidas como sanciones. No obstante, cabe mencionar que el término no figura dentro de las disposiciones de la Carta. Se trata, más bien, de una expresión utilizada en los medios académicos.[263] El CS puede adoptarlas con carácter obligatorio, cuyo objetivo es ejercer presión para que el Estado cumpla con lo establecido por el propio CS y evitar recurrir al uso de la fuerza. Las sanciones como instrumento las utiliza cuando los mecanismos de solución pacífica de controversias han fracasado. Las medidas que aplica el CS de conformidad con el artículo 41, incluyen, además de las enunciadas en el propio artículo, las que sean análogas y que el CS considere eficaces y adecuadas, entre las que podemos encontrar: ruptura de relaciones económicas o bloqueo total o parcial, creación de tribunales penales internacionales, demarcación de fronteras, además de otras. Las derivadas del artículo 42, se llevan a cabo, de conformidad con el artículo 43 de la Carta, cuando lo solicite el CS o mediante acuerdos especiales, con las fuerzas armadas que los miembros pongan a disposición de este órgano. En los convenios se fijará el número y la clase de fuerzas, el grado de preparación y la ubicación.

Así pues, "el uso de la fuerza es una medida extrema y nadie puede desconocer sus efectos, los daños colaterales que implican pérdida de vidas y la destrucción de infraestructura e incluso de bienes históricos".[264] En este sentido, como consecuencia de las críticas de algunos Estados a las sanciones o medidas

[260] *Cfr.* Repertorio de la práctica seguida por el CS, 2011 (http://www.un.org/es/sc/repertoire/studies/overview.shtml).

[261] Carta de la ONU de 1945, *op. cit.*

[262] *Idem.*

[263] *Cfr.* Ricardo Méndez-Silva, *El Consejo de Seguridad…, op. cit.*, p. 13.

[264] *Ibidem*, p. 28.

adoptadas por el CS, que afectaban directamente a la población civil, en mayor medida a grupos vulnerables como mujeres, ancianos, niños y a terceros países, este órgano ha demostrado a últimas fechas un criterio más selectivo en el diseño de las mismas: dirigidas a agentes secretos, congelación de activos, bloqueo de transacciones financieras de las elites políticas, traficantes de diamantes, comercio, tráfico de armas y material conexo.[265]

En el mismo sentido, el 17 de abril de 2000 (S/2000/319), los miembros del CS establecieron, de manera provisional, el grupo de trabajo oficioso sobre cuestiones generales relativas a sanciones, cuyo mandato se instituyó el 29 de diciembre de 2005 (S/2005/841), con el objetivo de formular recomendaciones generales sobre la manera de mejorar su eficacia. Aunado a lo anterior, el CS ha creado órganos cuya función es monitorear medidas impuestas por éste, entre los que podemos mencionar: el Comité del CS relativo a la República Democrática del Congo (Resolución 1533 de 2004); a Côte d'Ivoire (resolución 1572 de 2004) a Libia (Resolución 1970 de 2011); y a República Centroafricana (Resolución 2127 de 2013).

Doctrina de la defensa preventiva

Surge a partir del discurso del presidente George Bush en la AG de la ONU, el 12 de septiembre de 2002, en el que proclamó la legitimidad de un ataque preventivo ante cualquier amenaza terrorista contra Estados Unidos, reseñando las resoluciones que el CS había adoptado hasta ese momento respecto de Irak y su incumplimiento, por lo cual declaró: "Debemos actuar por nuestra propia seguridad y por los derechos y esperanzas permanentes de la humanidad. Por herencia y por elección, Estados Unidos actuará".[266] Posteriormente, en marzo de 2003, los Estados Unidos con el apoyo del Reino Unido de la Gran Bretaña e Irlanda del Norte y España invadió Irak, bajo el argumento de la existencia de una doctrina que permitía el derecho a la defensa preventiva. Mediante este argumento pretendió justificar y apegar sus actuaciones beligerantes a los márgenes del DIP, realizando una interpretación *ad hoc* de la Carta, que como ya se explicó, sólo admite la legítima defensa individual o colectiva en caso de ataque armado, no en situaciones de amenaza a la paz internacional.

[265] *Cfr*. Comité de Sanciones del CS, 2015 (http://www.un.org/spanish/sc/committees/).

[266] George Bush, "Discurso ante la 57 AG de la ONU", *El País*, Sección Internacional, 2002 (http://internacional.elpais.com/internacional/2002/09/12/actualidad/1031781606_850215.html).

El DIH es el conjunto de normas para ser aplicadas en los conflictos armados, a fin de humanizar la contienda, proteger a la población civil, los bienes y a las personas que no son ya parte del mismo, como heridos, náufragos, prisioneros, etcétera. Surge a partir de los esfuerzos de Henri Dunant (1828-1910),[267] quien presenció la Batalla de Solferino, Lombardía (24 de junio de 1859), entre las tropas franco-sardas del emperador Napoleón III que luchaban en el norte de Italia contra los austriacos, en la que 12,512 soldados del bando aliado resultaron heridos, y 10,807 del austriaco fueron abandonados y desprovistos de asistencia médica. Por ello, Dunant al regresar a Ginebra, escribió el libro *Recuerdos de Solferino* publicado en 1862, donde reclama la creación en cada país de un cuerpo voluntario de personas que pudieran socorrer a los heridos, independientemente del bando al que pertenecieran.

Asimismo, su preocupación lo llevó a fundar —junto con Gustave Moynier, Louis Appia, el general G. H. Dufour y Theodore Maunoir— el Comité Internacional de Socorros a los Militares Heridos, posteriormente denominado Comité Internacional de la Cruz Roja (CICR), el cual presidió de 1863 a 1864. En ese año de 1964, el 22 de agosto, se reunieron 16 Estados a fin de redactar el Convenio de Ginebra para mejorar la suerte que corren los militares heridos de los ejércitos en campaña, la cual recogía sus postulados; firmado y ratificado en los siguientes años por casi la totalidad de la comunidad internacional. Este tratado es el primero que se adoptó sobre la guerra en tiempos de paz para prevenir el sufrimiento y humanizar la contienda.

Estableció (artículo 1) que las ambulancias, hospitales, así como su personal (artículo 2), incluidos los de intendencia, servicios de sanidad, administración transporte, capellanes, etcétera, serían reconocidos como neutrales cuando ejercieran sus funciones y mientras hubiera heridos que socorrer, por lo que deberían ser protegidos y respetados por los beligerantes,[268] además que (artículo 6) los militares heridos o enfermos deberían ser recogidos y cuidados, sin distinción de nacionalidad. Asimismo, instituyó la utilización de la bandera distintiva para hospitales, ambulancias: un brazal y uniforme para el personal considerado neutral, que llevarían una cruz roja en un fondo blanco.

A pesar de su gran labor en el comité y haber inspirado una conferencia internacional, en 1867 Dunant es obligado a renunciar, no sólo como secretario,

[267] El día 8 de mayo, fecha de nacimiento de Henri Dunant, se celebra el Día Mundial de la Cruz Roja y la Media Luna Roja.

[268] *Cfr.* "Convenio de Ginebra para el mejoramiento de la suerte de los militares heridos en los ejércitos en campaña de 1864" (http://www.icrc.org/spa/resources/documents/treaty/treaty-1864-geneva-convention-1.htm).

sino también como miembro, debido al escándalo que suscitó su condición financiera al declararse en bancarrota, por lo que viajó a París donde vivió épocas de pobreza. No obstante, fue convocado por la emperatriz María Eugenia Palafox Portocarrero y Kirkpatrick, conocida como Eugenia de Montijo, para consultarle sobre la ampliación de la convención a la guerra marítima. Posteriormente, en 1887 se refugiaría en una pequeña aldea suiza, Heiden, donde es redescubierto en 1895 por el editor en jefe del periódico *St. Gallen Die Ostschweiz*, Georg Baumberger, quien le dedica el artículo titulado: "Hernri Dunant, el fundador de la Cruz Roja", el cual llama la atención de la prensa europea, regresa el reconocimiento y honra de Dunant, quien recibió el Premio suizo Binet-Fendty, una nota del papa León XIII y en 1901 el primer Premio Nobel. En consecuencia, el Comité Internacional reivindica su reputación y señala:

> No hay hombre alguno que merezca más este honor, pues fue usted, hace 40 años, quien puso en marcha la Organización Internacional (OI) para el socorro de los heridos en el campo de batalla. Sin usted, la Cruz Roja, el supremo logro humano del siglo XIX, probablemente nunca se hubiera obtenido.[269]

Cabe mencionar que el CICR ha recibido en dos ocasiones el premio Nobel de la Paz: en 1907 y 1944.

En 1906 vería el fruto de aquella entrevista con la emperatriz Eugenia, dando origen a un segundo acuerdo: convenio para el mejoramiento de la suerte de los militares heridos, enfermos o náufragos en las fuerzas armadas en el mar. Más tarde, en 1929 se adoptó la tercera Convención que se integra por dos acuerdos: uno para mejorar la suerte de los heridos y enfermos de los ejércitos en campaña y otro relativo al trato de los prisioneros de guerra.

En la Conferencia Diplomática para la adopción de los cuatro convenciones de Ginebra (CG) de 1949,[270] en vigor desde 1950, participaron 188 Estados, sin embargo, al día de hoy el número de Estados parte es equivalente a los miembros de la ONU, lo cual les otorga un carácter universal:[271] I Convenio de Ginebra para aliviar la suerte que corren los heridos y enfermos de las fuerzas armadas en campaña: reemplaza a las de 1864, 1906 y 1929; II Convenio de Ginebra para aliviar la suerte que corren los heridos, los enfermos y los náufragos de las fuerzas armadas en el mar: reemplaza la de 1907; III Convenio de Ginebra relativo al trato debido a los prisioneros de guerra: sustituye y mejora la de 1929; IV Convenio de Ginebra relativo a la protección debida a las

[269] Mathias Weise, *Henri Dunant*, 2014 (http://loffit.abc.es/2014/05/08/henri-dunant/145114).

[270] Véase Juan Manuel Portilla Gómez, *Derecho internacional humanitario y el régimen jurídico aplicable a la ocupación de Iraq*, México, UNAM, 2004, p. 201.

[271] *Cfr.* Ricardo Méndez-Silva, "El uso de la fuerza y el derecho internacional humanitario", en Ricardo Méndez-Silva (comp.), *Elementos de derecho internacional humanitario*, México, UNAM-IIJ, 2001, p. 69.

personas civiles en tiempo de guerra. Se incluyen en la cuarta Convención los protocolos y adiciones de 1977, que complementan las de 1899 y 1907; Protocolo adicional a los Convenios de Ginebra relativo a la protección de las víctimas de los conflictos armados internacionales (Protocolo I) de 1977; Protocolo adicional a los Convenios de Ginebra relativo a la protección de las víctimas de los conflictos armados sin carácter internacional (Protocolo II); y Protocolo adicional a los Convenios de Ginebra relativo a la adopción de un emblema distintivo adicional (Protocolo III). Cabe mencionar que la aplicación del DIH comprende, a su vez, a OI y a agencias dentro de éstas, como son Alto Comisionado de las Naciones Unidas para los Refugiados (ACNUR), el Fondo de Naciones Unidas para la Infancia (UNICEF), el Programa de Alimentos (PMA), la Organización Mundial de la Salud (OMS), la Organización de las Naciones Unidas para la Educación, la Ciencias y la Cultura (UNESCO), entre otras.[272]

I Convenio de Ginebra para aliviar la suerte que corren los heridos y enfermos de las fuerzas armadas en campaña de 1949

Se aplica (artículo 2) además de las disposiciones que deben entrar en vigor en tiempo de paz, en caso de guerra declarada o cualquier otro conflicto armado que surja entre dos o varias partes contratantes, aunque una de ellas no haya reconocido el estado de guerra. También en caso de ocupación total o parcial del territorio, aunque la misma no encontrase resistencia militar; y si uno de los Estados en conflicto no es parte de la I Convenio de Ginebra, estarán obligadas por las relaciones de reciprocidad a aplicarla. Asimismo, se impone la obligación a los Estados en conflicto de hacer todo lo posible por poner en vigor, mediante acuerdos especiales, la totalidad o parte de las otras disposiciones del Convenio. Ésta y las otras tres señalan que en conflictos no internacionales, es decir, en conflictos internos de un Estado parte, está obligado, como mínimo, a proteger y respetar (artículo 3 común a las cuatro CG) a:

> [...] las personas que no participen directamente en las hostilidades, incluidos los miembros de las fuerzas armadas que hayan depuesto las armas y las personas puestas fuera de combate por enfermedad, herida, detención o por cualquier otra causa serán, en todas las circunstancias, tratadas con humanidad, sin distinción alguna de índole desfavorable basada en la raza, el color, la religión o la creencia, el sexo, el nacimiento o la fortuna o cualquier otro criterio análogo.[273]

[272] *Ibidem*, pp. 69-70.

[273] I Convenio de Ginebra para aliviar la suerte que corren los heridos y los enfermos de las fuerzas armadas en campaña de 1949 (http://www.icrc.org/spa/resources/documents/treaty/treaty-gc-1-5tdkna.htm).

Y prohíbe, en todo tiempo y lugar (artículo 3), que estas personas sean objeto de: atentados contra la vida, integridad corporal y dignidad personal, como: homicidios, mutilaciones, tratos crueles, tortura, suplicios, tratos humillantes, degradantes, etcétera; toma de rehenes; condenas y ejecuciones sin previo juicio ante un tribunal legítimamente constituido y con garantías judiciales.[274] Asimismo, se instituye (artículo 9) que todos los heridos y enfermos serán recogidos y asistidos por un organismo humanitario imparcial, tal como el CICR u otro, que emprenda acciones y brinde socorro para la protección de éstos, con el consentimiento de los Estados en conflicto. Afirma que ninguna disposición del Convenio se podría interpretar como un obstáculo a esta labor.

Esta Convención también establece la protección, trato y asistencia que debe brindarse a heridos y enfermos (artículo 12), en todo momento debe ser con humanidad por el país en conflicto que los tenga en su poder, sin distinción alguna de índole desfavorable basada en sexo, raza, nacionalidad, religión, opiniones políticas o en cualquier otro criterio análogo. Prohibiendo (artículo 12) de manera expresa: todo atentado contra su vida y persona, como matarlos o exterminarlos, someterlos a tortura, experimentos biológicos, dejarlos deliberadamente sin atención médica o sin asistencia, o exponerlos a riesgos de contagio o de infección causados con esa finalidad.[275] Para poder brindar ayuda a enfermos y heridos es necesario proteger también las unidades y establecimientos sanitarios: hospitales, vehículos, barcos y aeronaves sanitarias, así como su personal. Respecto a las primeras se señala que por ningún motivo serán objeto de ataques en o desde tierra (artículo 19), sino en todo tiempo respetadas y protegidas; excepto cuando se les utilice, fuera de sus deberes humanitarios, para realizar actos perjudiciales para el enemigo, y cesando su protección sólo después de un aviso o intimidación oportunos y en un plazo razonable (artículo 21).

II Convenio de Ginebra para aliviar la suerte que corren los heridos, los enfermos y los náufragos de las fuerzas armadas en el mar de 1949

Sigue las mismas reglas de aplicación del I Convenio y los derechos mínimos que deben aplicarse a las personas que no participen directamente en las hostilidades, incluidos los miembros de las fuerzas armadas que hayan depuesto las armas y las personas puestas fuera de combate por enfermedad, herida,

[274] *Idem.*
[275] *Idem.*

detención o por cualquier otra causa. En específico, se refiere a los náufragos, heridos y enfermos en el mar,[276] clasificándolos de la siguiente manera (artículo 13): [277]

- miembros de las fuerzas armadas, milicias y cuerpos de voluntarios que formen parte;
- miembros de las otras milicias y de los otros cuerpos de voluntarios, incluidos los de movimientos de resistencia organizados: *a)* estar mandados por una persona que responda de sus subordinados; *b)* tener un signo distintivo fijo y reconocible a distancia; *c)* llevar las armas a la vista; *d)* dirigir sus operaciones de conformidad con las leyes y costumbres de la guerra;
- personas que sigan a las fuerzas armadas sin formar realmente parte;
- miembros de las tripulaciones, incluidos patrones, pilotos y grumetes de la marina mercante, y tripulaciones de aviación civil;
- población de un territorio no ocupado que, al acercarse el enemigo, tome espontáneamente las armas.[278]

III Convenio de Ginebra relativo al trato debido a los prisioneros de guerra: sustituye y mejora el de 1949

Tiene como objetivo específico la protección de prisioneros de guerra. El artículo 4 enuncia a las personas que han caído en manos del enemigo, que son las mismas del II Convenio.[279]

El mismo artículo establece que otras personas pueden beneficiarse del trato reservado a prisioneros de guerra: quienes pertenezcan o hayan pertenecido a las fuerzas armadas del país ocupado y que pertenezcan a una de las categorías enumeradas en este artículo, siempre que hayan sido recibidas en el territorio de potencias neutrales o no beligerantes.

[276] Véase Juan Manuel Portilla Gómez, "La guerra naval y su regulación jurídica internacional", *Multidisciplina*, núm. 8, México, Ciencia Jurídica, 2010, pp. 5-17.

[277] *Cfr.* II Convenio de Ginebra para mejorar la suerte de los heridos, enfermos y náufragos de las fuerzas armadas en el mar de 1949, (http://www.parlamento.gub.uy/htmlstat/pl/convenios/conv13683-2.htm).

[278] *Idem.*

[279] *Cfr.* III Convenio de Ginebra relativo al trato debido a los prisioneros de guerra de 1949 (http://www.icrc.org/spa/resources/documents/treaty/treaty-gc-3-5tdkwx.htm).

IV Convenio de Ginebra relativo a la protección debida a las personas civiles en tiempo de guerra de 1949

Aplicable a las personas que están en poder de una de las partes en conflicto o de una potencia ocupante de la cual no sean nacionales. Según su artículo 4°, no protege el convenio a las personas de un Estado que no sea parte. Asimismo, los nacionales de un Estado neutral que estén en el territorio de un Estado beligerante y los de un Estado cobeligerante no serán considerados como personas protegidas, hasta que el Estado de que sean nacionales tenga representación diplomática normal ante el país en cuyo poder estén.[280]

Protocolos adicionales a las Convenciones de Ginebra de 1949

Son tres adicionales: el primero se refiere a conflictos armados internacionales, tiene como función completar estos convenios, reafirmando para protección de las víctimas de la guerra, aplicable en las situaciones previstas en el artículo 2 común a dichos convenios.[281] Incorporando casos de conflictos armados en que los pueblos luchan contra la dominación colonial, ocupación extranjera y contra los regímenes racistas, en el ejercicio del derecho de los pueblos a la libre determinación, consagrado en la Carta y en la Declaración sobre los principios de Derecho Internacional (DI) referentes a las relaciones de amistad y cooperación entre los Estados de conformidad con la Carta (1970).

El segundo referente se aplica a la protección de personas en conflictos armados sin carácter internacional, desarrolla y completa el artículo 3 común a los CG de 1949, se aplica a todos los que no estén considerados en el Protocolo I, y que se desarrollen en el territorio de uno de los Estados contratantes entre sus fuerzas armadas y fuerzas armadas disidentes o grupos armados organizados que, bajo la dirección de un mando responsable, ejerzan sobre una parte de dicho territorio un control tal que les permita realizar operaciones militares sostenidas y concertadas, es decir, se aplica a grupos beligerantes.[282]

[280] *Cfr.* IV Convenio de Ginebra relativo a la protección debida a las personas civiles en tiempo de guerra de 1949 (http://www.icrc.org/spa/resources/documents/treaty/treaty-gc-4-5tdkyk.htm).

[281] *Cfr.* Protocolo Adicional a los Convenios de Ginebra de 1949 relativo a la protección de las víctimas de los conflictos armados internacionales (Protocolo I) de 1977, *op. cit.*

[282] *Cfr.* Protocolo adicional a los convenios de Ginebra de 1949 relativo a la protección de las víctimas de los conflictos armados sin carácter internacional (Protocolo II) de 1977 (http://www.icrc.org/spa/resources/documents/misc/protocolo-ii.htm#2).

El Protocolo III, reconoce la importancia del emblema utilizado en las operaciones de protección a personas señaladas en los cuatro convenios, cuya finalidad tan importante es: respeto debido a todo ser humano que sufre y está indefenso en la guerra, al cual se ha de ayudar, sea amigo o enemigo, sin distinción de nacionalidad, raza, religión, clase social u opinión. Por otra parte, expone que los emblemas utilizados por los organismos de ayuda humanitaria, en determinados contextos, tienen una connotación religiosa o política, que pone en tela de juicio su imparcialidad y neutralidad, ejemplo:

Por lo cual, dicho Protocolo sirvió para adoptar uno nuevo, adicional, y que se compone de un marco rojo cuadrado sobre fondo blanco, colocado sobre uno de sus vértices y que se denomina, cristal rojo:[283]

Las personas autorizadas para utilizar este nuevo emblema son las mismas que se mencionan en los cuatro convenios de Ginebra (CG) de 1949.

[283] *Cfr.* Protocolo adicional a los convenios de Ginebra de 1949 relativo a la aprobación de un signo distintivo adicional (Protocolo III) de 2005 (http://www.icrc.org/spa/resources/documents/misc/protocolo-iii.htm).

Capítulo décimo

Diversificación y retos del Derecho Internacional Público (DIP)

AMPLIACIÓN Y DIVERSIFICACIÓN

El fenómeno de la globalización ha influido sobre el DIP, de manera que "la universalidad de las reglas comunes entraña igualmente la especialización de ramas del DIP y la autonomía relativa de sistemas jurídicos especiales concebidos en función de características propias de los ámbitos que regulan".[284] Si entendemos que el objetivo particular del DIP es reglamentar las relaciones entre los sujetos y la comunidad internacional, por tanto, será tan especializado y vasto como sean aquéllas. Así pues, sus funciones han cambiado conforme la sociedad mundial se ha modificado, fundamentalmente en el ámbito de cooperación e integración, surgiendo ramas específicas como: medio ambiente, derechos humanos (DH), derecho comunitario, financiero, corporativo, mercantil y globalización, fiscal, administrativo, penal, de las comunicaciones, de la energía, etcétera.

Algunos autores han optado por señalar la coexistencia de un Derecho Internacional (DI) general y otros ordenamientos particulares o especiales, que se encargan de regir ciertas parcelas de relaciones de sujetos y actores de la comunidad internacional, ya sea de un cierto número de Estados o por extensión y contenido de la materia que traten. El DI general se ha diversificado y expandido, generando un proceso de fragmentación o especialización,[285] no obstante, estas ramas no se encuentran aisladas del derecho general, sino que subyace en todas ellas. A través del proceso de fragmentación estos ordenamientos especiales van adquiriendo características propias, diferenciándose en mayor o menor medida del general,[286] vinculándose con éste a través del

[284] P. M. Dupuy, *Sur de maintien ou la disparation de l´ordre juridique international*, citado por Arturo Santiago Pagliari, *Fragmentación del derecho internacional. aplicaciones y efectos*, 2014, p. 130 (http://www.oas.org/dil/esp/6%20-%20pagliari.127-184.pdf).

[285] *Idem*.

[286] *Idem*.

principio *lex specialis,* que sostiene que el DIP es un sistema con un método de primacía definido.[287]

DERECHO INTERNACIONAL DEL MEDIO AMBIENTE

Es una rama especial del DIP de reciente creación, aunque se pueden encontrar algunos antecedentes en tratados desde 1794, pero es a partir de la década de los sesenta, cuando los Estados comienzan a cobrar conciencia, adoptan normas y principios generales aplicables, como consecuencia de la internacionalización de las problemáticas ambientales: cambio climático, sequías, terremotos, tsunamis, desaparición de islas, extinción de especies, hoyo en la capa de ozono, deforestación, ampliación de zonas desérticas y escasez de agua, problemas de cáncer de piel, ébola, VIH, entre otros. Así pues, los Estados y otros sujetos asumieron los "efectos que la explosión demográfica, una posible guerra atómica, y el aumento en los consumos de energía, tenían y podían llegar a tener sobre el equilibrio natural de un mundo que cuenta con recursos y territorio limitados".[288]

Dando origen a la Conferencia de Estocolmo, celebrada en junio de 1972, la primera reunión convocada para tratar asuntos ambientales, a propuesta de Suecia, contó con la participación de 113 países y 19 organismos internacionales (OI), entre otros. Se adoptó la Declaración sobre el Medio Ambiente Humano, que proclamó un catálogo: el hombre tiene derecho fundamental a la libertad, igualdad y disfrute de condiciones de vida adecuadas en un medio ambiente de calidad; los recursos naturales (agua, tierra, flora y fauna) deben preservarse en beneficio de las generaciones presentes y futuras; el hombre tiene la responsabilidad de preservar y administrar juiciosamente el patrimonio de flora y fauna que se encuentren en peligro, entre otros.[289]

Estableció un plan en forma de recomendaciones a los Estados, los que deberían: crear políticas encaminadas a aumentar el potencial de crecimiento actual sin coartar ni obstaculizar el logro de mejores condiciones de vida para todos; destinar recursos a la conservación y mejoramiento del medio ambiente; y adoptar un enfoque integral y coordinado de planificación del desarrollo, de modo que quede asegurada la conservación del medio ambiente, entre otros.[290]

[287] *Cfr.* José Antonio Tardío Pato, "El principio de especialidad normativa (*lex specialis*) y sus aplicaciones jurisprudenciales", *Revista de Administración Pública*, núm. 162, Madrid, septiembre-diciembre de 2003, pp. 191-192.

[288] Víctor Manuel Rojas Amandi, "El derecho internacional público del medio ambiente al inicio del siglo XXI", *Anuario Mexicano de Derecho Internacional*, vol. II, México, 2002, p. 337.

[289] *Cfr.* Declaración de Estocolmo sobre el medio ambiente humano de 1972 (http://www.ordenjuridico.gob.mx/TratInt/Derechos%20Humanos/INST%2005.pdf).

[290] *Idem.*

Como consecuencia del éxito obtenido en diciembre del mismo año, se creó el Programa de Naciones Unidas para el Medio Ambiente (PNUMA), adoptando una serie de documentos: Tratado de Ginebra sobre la contaminación del aire transfronterizo de 1979 y sus tres protocolos (1985, 1988 y 1991); Tratado de Viena sobre la protección de la capa de ozono de 1985; Convención sobre el derecho del mar de 1982; acuerdos del Organismo Internacional de Energía Atómica (OIEA), sobre información y asistencia en caso de accidentes nucleares de 1986. Posteriormente, en la Conferencia de Río de Janeiro sobre medio ambiente y desarrollo, celebrada en 1992, 178 países adoptaron cinco documentos rectores: declaración, principios generales de la conservación de los bosques, Agenda 21, Convención sobre el cambio climático a la cual se le incorporó en 1997 el Protocolo de Kyoto, Convenio sobre diversidad biológica; sólo estos dos últimos son obligatorios.

Establecieron 27 principios, entre los que podemos destacar: los seres humanos constituyen el centro de las preocupaciones relacionadas con el desarrollo sostenible, tienen derecho a una vida saludable y productiva en armonía con la naturaleza; el derecho al desarrollo debe ejercerse en forma tal que responda a las necesidades ambientales de las generaciones presentes y futuras; examen del impacto ambiental, previsión y causación.[291] La Agenda 21 tocó temas como: protección de la atmósfera, lucha contra la pobreza y deforestación, fomento de la salud humana, desarrollo sostenible, planificación y ordenación de los recursos de la tierra, agricultura, desarrollo rural y diversidad biológica, etcétera.[292] Este derecho introdujo el principio de prevención, importantísimo en materia ambiental; mostró la conciencia de los Estados por el cuidado de los recursos naturales y su preocupación por daños que hemos ocasionado a la naturaleza, así como su disposición para adoptar obligaciones que beneficien a todos los seres.

Sin embargo, un mecanismo novedoso y severamente criticado, que introdujo el Protocolo de Kyoto, es el mercado de carbono y comercio de emisiones, donde países industrializados comprometidos a reducir sus emisiones de CO_2, que no logren hacerlo, optan por adquirir certificaciones de reducción a países subdesarrollados de África y América Latina, que emiten menos contaminantes. En este sentido, para la lógica de los mercados de CO_2, la atmósfera es un bien público global, no importa saber dónde se aminoraron las emisiones, sino dónde cuesta menos,[293] es decir, que la globalización ha privatizado no sólo el agua que bebemos, sino también el aire que respiramos.

[291] *Cfr.* Declaración de Río sobre el medio ambiente y el desarrollo de 1992 (http://www.un.org/spanish/esa/sustdev/agenda21/riodeclaration.htm).

[292] *Cfr.* Agenda 21 de 1992 (http://www.un.org/spanish/esa/sustdev/agenda21/agenda21toc.htm).

[293] Alejandro Chanona Burguete (coord.), *Confrontando...*, *op. cit.*, pp. 451-453.

Esta nueva rama surge a partir del amplio consenso de los Estados sobre la importancia de mejorar los marcos jurídicos a fin de facilitar, en un mundo interdependiente económicamente, el comercio y la inversión internacionales. Es independiente del derecho mercantil nacional, no obstante, comparten materias, principios y reglas, lo que ha permitido a los OI codificar, desarrollar, unificar y armonizar las legislaciones nacionales e internacionales. Cabe mencionar que muchos principios nacieron del seno de los ordenamientos internos, pero se aplican de manera diferente en el ámbito interestatal: autonomía de la voluntad; restricciones a la responsabilidad contractual y extracontractual, que por razones de equidad son muy limitadas en el comercio entre países; formalismo de los Términos del Comercio Internacional (Incoterms) (2000), en esta interpretación se utiliza el método establecido en negociaciones previas.

A nivel internacional se ha desarrollado gracias a la importante labor de la Comisión de Naciones Unidas para el Desarrollo Mercantil Internacional (CNUDMI), creada en 1966, por la Asamblea General (AG) de la Organización de las Naciones Unidas (ONU) mediante Resolución 2205 (XXI), dicha comisión se encarga de modernizar y armonizar la rama del Derecho Internacional (DI) general con los derechos nacionales. La comisión representa diferentes tradiciones jurídicas, niveles de desarrollo económico y regiones geográficas, compuesta por 60 países cuyos mandatos son de seis años y tiene como funciones: elaboración de convenios, leyes modelo y normas aceptables; preparación de guías jurídicas y legislativas; formulación de recomendaciones; presentación de información actualizada sobre jurisprudencia referente a los instrumentos y normas de derecho mercantil uniforme y sobre su incorporación al derecho interno; prestación de asistencia técnica; organización de seminarios regionales.[294]

Mediante el estudio de temas como: solución de controversias, prácticas contractuales internacionales, transporte, régimen de insolvencia, comercio y firmas electrónicas, pagos internacionales, operaciones garantizadas, contratación pública y compraventa de mercancías,[295] lo que facilita el comercio con la elaboración de documentos que sirven de base para convenciones, leyes modelo y guías. Entre las que podemos mencionar:

- Convención de la ONU sobre los contratos de compraventa internacional de mercaderías (1980).
- Ley Modelo de la CNUDMI sobre arbitraje comercial internacional (1985).

[294] *Cfr.* CNUDMI, Acerca de nosotros, 2015 (http://www.uncitral.org/uncitral/es/about_us.html).
[295] *Cfr.* Guía de la CNUDMI, Datos básicos y funciones de la CNUDMI de 2013 (http://www.uncitral.org/pdf/spanish/texts/general/12-57494-Guide-to-UNCITRAL-s.pdf).

- Reglamento de Arbitraje (1976).
- Reglamento de Conciliación (1980).
- Convenio de la ONU para el transporte marítimo de mercaderías (1978).
- Guía jurídica de la CNUDMI para la redacción de contratos internacionales de construcción de obras industriales (1988).
- Guía jurídica para las operaciones de comercio compensatorio internacional (1992).
- Convención de la ONU sobre garantías independientes y cartas de crédito contingente (1995).
- Ley Modelo de la CNUDMI sobre insolvencia transfronteriza (1997).
- Términos internacionales del comercio (Incoterms) (2000).
- Normas internacionales (NI).
- Sistema General de Pesos y Medidas.[296]

Asimismo, la CNUDMI trabaja de la mano con la Organización Mundial de Comercio (OMC), organismo especializado en comercio internacional y foro de negociaciones, encargado de la apertura comercial de sus 160 Estados parte, así como de la solución de controversias que surjan. Este organismo también es marco de regulación de diferentes y muy variados temas, entre los cuales podemos señalar: mercancías, servicios, propiedad intelectual, agricultura, aranceles, balanza de pagos, empresas comerciales del Estado, inspecciones, licencias de importación, medidas sanitarias y fitosanitarias, normas de origen, obstáculos al comercio, tecnologías de la información, aeronaves civiles, comercio electrónico, exámenes de políticas comerciales, inversiones, medio ambiente, políticas de competitividad, franquicias, patentes, modelos de negociación, *join venture*,[297] llave en mano, entre otros.[298]

En este sentido, la CNUDMI y la OMC tienen una labor titánica e interminable, ya que derivado del auge del comercio y exigencias de los países no desarrollados o en vías de desarrollo, el fenómeno es permanente por esas razones, y seguirá en evolución y proceso continuo debido a la globalización.

[296] *Cfr*. ONU, Derecho mercantil internacional, 2015 (http://www.cinu.org.mx/temas/Derint/dmi.htm).

[297] Del inglés "unirse en participación".

[298] *Cfr*. OMC, Temas comerciales de la OMC, 2015 (http://www.wto.org/spanish/tratop_s/tratop_s.htm).

En efecto, a partir de los años ochenta en que los países desarrollados se interesaron por incluir nuevos temas a la agenda de negociación de la Ronda Uruguay, incorporándose por primera vez en el sistema multilateral de comercio materias que habían sido excluidas: inversión, comercio de servicios, agricultura, textiles, propiedad intelectual, comercio de productos falsificados, etcétera.

La negociación no fue fácil, sin embargo, se logró la adopción de: Acuerdo sobre las medidas en materia de inversiones relacionadas con el comercio; Acuerdo general sobre el comercio de servicios y el Acuerdo sobre los aspectos de los derechos de propiedad intelectual relacionados con el comercio. El primero establece una lista de violaciones a la normatividad del Acuerdo General sobre Aranceles Aduaneros y Comercio (GATT, por sus siglas en inglés) bajo el argumento de que algunas medidas de inversiones pueden tener como efecto restricción y distorsión del comercio, por lo que se prohíben dichas acciones. El segundo consta de reglas básicas aplicables a todos los países, además de una lista de distintos sectores de servicios. Respecto a la propiedad intelectual, se creó un grupo de negociación sobre esta materia, cuyo mandato era el tratamiento de productos falsificados, así como la creación de normas mínimas de protección de los derechos de los autores.[299]

Sin embargo, es en 2001 con la Ronda de Doha, cuyo primer resultado fue el paquete de Bali, que se incluye la Declaración Ministerial de 2013 y las decisiones ministeriales de noviembre de 2014, ello tras años de debates (Cancún en 2003, Ginebra en 2004, Hong Kong en 2005 y Ginebra en 2006 y 2008), en las que se tratan temas como:

- Facilitación del comercio mediante: reducción de trámites burocráticos y corrupción, aceleración del despacho en aduanas, facilitar y abaratar el comercio, reforzar la claridad, eficiencia y transparencia y aprovechar los avances de las tecnologías de la información y la comunicación (TIC). Se calcula que "los beneficios para la economía mundial se situarán entre 400 mil millones y 1 billón de dólares gracias a que los costos se reducirán entre el 10 y el 15 por ciento, lo que incrementará las corrientes comerciales y la recaudación de ingresos fiscales, creará un entorno empresarial estable y atraerá inversión extranjera".[300]
- Desarrollo y agricultura, que incluye la seguridad alimentaria, sin embargo, en este tema sólo se llegó a una solución provisional, señalando que "los

[299] *Cfr.* Velia Govaere Vicarioli, *Introducción al derecho comercial internacional*, San José Costa Rica, EUNED, 2007, pp. 185-191.

[300] OMC, 2015 (http://www.wto.org/spanish/news_s/news13_s/mc9sum_07dec13_s.htm#decisions).

miembros se abstendrían temporalmente de presentar una reclamación jurídica si un país en desarrollo excedía de los límites de su compartimento ambas como resultado de la constitución de existencias con fines de seguridad alimentaria";[301] además, se adoptó el compromiso de reducir las subvenciones a la exportación y los obstáculos al comercio de productos agropecuarios.

Cabe mencionar que en el proceso de globalización, el derecho juega un papel sumamente importante, tanto por las diversas formas de proteccionismo que se eliminan entre el comercio de los miembros, como por la ampliación de las fronteras económicas que requiere de manera imprescindible de las normas para su regulación. Así pues, derecho, economía y comercio van de la mano.[302] En especial, cabe destacar los paneles, consultas y mecanismos de solución de controversias que se están desarrollando en la OMC. Por ejemplo, en 2015 se conocen tres diferencias: China-medidas relacionadas con los programas de bases de demostración y plataformas de servicios comunes; Indonesia-salvaguardia sobre determinados productos de hierro o acero, y Estados Unidos-medidas *antidumping* y compensatorias sobre determinado papel estucado o cuché procedente de Indonesia.[303]

Derecho internacional de la energía

Debido a la creación de la Organización de Países Exportadores de Petróleo (OPEP) en 1960, por iniciativa del gobierno venezolano, presidido por Rómulo Betancourt, y el subsiguiente establecimiento de la Agencia Internacional de Energía (AIE) de la Organización para la Cooperación y el Desarrollo Económicos (OCDE) en 1973 acontecimientos como la crisis petrolera de los setenta, comenzó a regularse el llamado mercado mundial energético.

No es de extrañar si consideramos que el petróleo se ha convertido en el *commodity*[304] más importante de la sociedad actual, por lo que este recurso no renovable, es objeto de normatividad de dicho ordenamiento, mas no es el único.

[301] OMC, Constitución de existencias con fines de seguridad alimentaria: "debida moderación" provisional, 2014 (http://www.wto.org/spanish/thewto_s/minist_s/mc9_s/brief_agneg_s.htm#stockholding).

[302] *Cfr.* Juan Carlos Velázquez Elizarrarás (coord.), *Nuevos desarrollos temáticos para el estudio del derecho internacional público*, México, UNAM, 2004, pp. 392-393.

[303] OMC, Situación actual de las diferencias, 2015 (https://www.wto.org/spanish/tratop_s/dispu_s/dispu_current_status_s.htm).

[304] Del inglés "mercancía".

Los tratadistas han denominado a esta rama como DI de la energía, cuyo objeto es "ordenar y regular en su amplio espectro y en la totalidad de sus manifestaciones, la actividad y el comercio internacional de la energía",[305] que por su complejidad abarca tanto normas de DIP como privado, así como derecho económico, mercantil, administrativo, ambiental, marítimo y fiscal internacional.

Este derecho se compone de documentos como: Tratado de no proliferación nuclear de 1968, Carta europea de la energía y su Protocolo sobre la eficacia energética y aspectos medioambientales de 1998, entre otros. Hay que sumar los que han dado origen a diversos organismos y asociaciones sobre la materia: Organización de Países Árabes Exportadores de Petróleo (OPAEP) de 1968, Organización Latinoamericana de Energía (OLADE) de 1970, Asociación Regional de Empresas del Sector Petróleo, Gas y Biocombustible en Latinoamérica y el Caribe (ARPEL) de 1965, Organismo Internacional de Energía Atómica (OIEA) de 1957, Petrocaribe de 2004, entre otros.

Recogen la costumbre, principios generales de derecho, la doctrina y las decisiones judiciales sobre la materia. Por ejemplo, el Convenio de Bagdad de 1960, adoptado en la primera conferencia de la OPEP, establece en su preámbulo: el petróleo es una riqueza perecedera y en la medida en que se va agotando debe ser reemplazado por otras; cualquier fluctuación en su precio afecta necesariamente la marcha de los programas de los miembros; resulta una dislocación perjudicial, no solamente para sus propias economías, sino también para las de todas las naciones.[306]

La OLADE busca "promover acuerdos entre sus Estados miembros y realizar acciones para satisfacer sus necesidades energéticas, mediante el desarrollo sustentable de las diferentes fuentes de energía",[307] constituyendo "la organización política y de apoyo técnico, mediante la cual sus Estados miembros realizan esfuerzos comunes para el desarrollo del mercado energético regional".[308]

La ARPEL tiene como misión:

> [...] promover y facilitar la integración de la industria, su mejora operacional continua y una eficaz gestión ambiental y social, buscando: compartir y difundir las mejores prácticas; llevar a cabo estudios que se traduzcan en información de valor; ampliar

[305] Juan Carlos Velázquez Elizarrarás, *El nuevo derecho internacional de la energía a través del estudio de sus fuentes y el ordenamiento del mercado mundial del petróleo en un contexto geopolítico-especulativo* 2008 (http://biblio.juridicas.unam.mx/revista/pdf/DerechoInternacional/9/cmt/cmt21.pdf).

[306] *Cfr.* Convenio de Bagdad de 1960 (http://a2bccom.blogspot.mx/2013/07/el-convenio-de-bagdad.html).

[307] OLADE, ¿Quiénes somos?, 2015 (http://www.olade.org/es/quienes-somos).

[308] *Idem.*

el conocimiento y coadyuvar al desarrollo de competencias; relacionar y convocar a socios y grupos de interés a un diálogo constructivo.[309]

Los estatutos de OIEA instituyen que (artículo 2): "El organismo procurará acelerar y aumentar la contribución de la energía atómica a la paz, salud y prosperidad en el mundo. En la medida de lo posible se asegurará que la asistencia que preste, o la que se preste a petición suya, o bajo su dirección o control, no sea utilizada de modo que contribuya a fines militares".[310] Conforme avanza su importancia se ha desarrollado un marco específico, nutrido tanto del derecho nacional como del internacional público y privado, que consagra la soberanía de Estados sobre uso y explotación de sus recursos.

Resulta de vital importancia, el Convenio 169 de la Organización Internacional del Trabajo (OIT) de 1989, ratificado por 22 países, incluido México, que es parte desde el 5 de septiembre de 1990; 163[311] Estados aún no lo han ratificado, entre ellos, los cinco primeros productores de petróleo a nivel mundial: Arabia Saudita, Estados Unidos, Rusia, China y Canadá.[312] Se refiere al derecho que tienen los pueblos indígenas y tribales a:

- *No discriminación* (artículo 3). Éstos tienen derecho a gozar plenamente de los DH y libertades fundamentales sin ningún obstáculo o restricción, así como los derechos de ciudadanía.[313]
- *Medidas especiales* (artículo 4). Se deben adoptar medidas que salvaguarden a las personas, instituciones, bienes, trabajo, cultura y medio ambiente.
- *Reconocimiento de su cultura y otras características específicas* (artículo 5). La cultura y otras prácticas ancestrales constituyen parte integral de sus usos y costumbres, modo de vida, leyes y forma de organización social, las cuales son diferentes a las de la población dominante, por lo que se debe garantizar su respeto.
- *Consulta y participación* (artículo 6). Exige que sean consultados con relación a temas que perturben a sus poblaciones, y que ellos participen de

[309] Arpel, 2015 (https://www.arpel.org/vision-and-mision/).

[310] Estatuto del OIEA de 1956 (https://www.iaea.org/About/statute_sp.pd).

[311] *Cfr.* Países que no han ratificado el C169. Convenio sobre pueblos indígenas y tribales de 1989 (http://www.ilo.org/dyn/normlex/es/f?p=NORMLEXPUB:11310:0::NO:11310:P11310_INSTRUMENT_ID:312314:NO).

[312] *Cfr.* The Worl Factbook. ACI, EUA. Países por producción de petróleo, 2014 (http://es.wikipedia.org/wiki/Anexo:Pa%C3%ADses_por_producci%C3%B3n_de_petr%C3%B3leo).

[313] Véase Justino Lozano Alvarado, "La construcción de ciudadanía indígena en México", en *Calidad democrática, formación ciudadana y comportamiento electoral*, México, IFE, Conacyt, 2010, pp. 295-322.

manera informada, previa y libre, de los procesos de desarrollo y políticas públicas que puedan afectarlos.[314]

- *Decidir sobre las prioridades para el desarrollo* (artículo 7). Deben decidir, en la medida que afecte sus vidas, creencias, costumbres y tierras que ocupan o utilizan de alguna manera.[315]

Así pues, el derecho de los Estados a la explotación de recursos naturales queda limitado por la protección de los derechos de los pueblos originarios que en todo momento deben ser consultados mediante procedimientos apropiados, de buena fe, a través de sus instituciones representativas y participando libremente en todos los niveles de desarrollo: formulación, implementación y evaluación de medidas y programas, que puedan afectarlos en sus territorios.

Este respeto está incluido en un contexto más amplio de seguridad energética, ya que actualmente no sólo se busca garantizarles dichos insumos, sino cuidar el medio ambiente y promover un desarrollo sustentable. No obstante, que en muchas regiones del planeta sólo piensan en el acceso indiscriminado a los energéticos, otras regiones como Europa dan cuenta de otra visión en la que se destaca el vínculo indisoluble de estos factores.[316]

En sentido contrario, en México mediante la reforma privatizadora del agua y los energéticos, una de varias que ha sufrido nuestro país, se abre la posibilidad de ocupar y hasta expropiar tierras y mantos acuíferos, lo que antes fue por utilidad pública ahora es por intereses privados. Los actuales propietarios o poseedores se convertirán en peones de las nuevas dueñas, las empresas transnacionales y el Estado en un siervo de las corporaciones energéticas.[317] Lamentablemente las privatizaciones fortalecen a los poderes fácticos, acentúan la desigualdad social y la concentración de la riqueza, ya que los importantes grupos de interés político y económico permanecen desregulados dominando el espacio público.[318]

[314] *Cfr*. Convenio sobre pueblos indígenas y tribales de 1989 (http://www.ilo.org/indigenous/Conventions/no169/lang--es/index.htm).

[315] *Idem*.

[316] Alejandro Chanona Burguete (coord.), *Confrontando, op. cit.*, pp. 9-16.

[317] *Cfr*. Ricardo, Monreal Ávila, *Reformas estructurales, mitos y realidades*, México, Cámara de Diputados LXII legislatura-M.A. Porrúa, 2014, p. 256.

[318] *Cfr*. Francisco Ibarra Palafox, *La privatización bancaria en México*, México, Siglo XXI-UNAM, 2014, p. 389.

Derecho internacional de las sociedades de la información

Las características propias de las tecnologías de la información y la comunicación, han llevado a los Estados a desarrollar un marco jurídico nacional, sin embargo, a nivel internacional no encontramos un tratado de carácter universal que regule el internet y sus usos, tanto positivos como negativos (delitos cibernéticos).

No obstante, no es un tema olvidado, las Naciones Unidas, en coordinación con la Unión Internacional de Telecomunicaciones (UIT), convocaron a la Cumbre Mundial sobre la Sociedad de la Información (CMSI), desarrollada en dos fases, Ginebra (2003) y Túnez (2005), en la que se adoptaron: Declaración de Principios y Plan de Acción de Ginebra, compromiso y la agenda para la sociedad de la información de Túnez. Estos documentos reconocen que las tecnologías de la información y la comunicación son esenciales para el progreso y bienestar humanos, que tienen inmensas repercusiones en todos los aspectos de nuestra vida, brindando oportunidades sin precedentes para alcanzar niveles más elevados de desarrollo, productividad, crecimiento económico, empleos y competitividad.[319]

Asimismo, establecen los siguientes principios fundamentales: acceso sin distinción a la infraestructura, TIC, información y conocimiento; reforzar la confianza y seguridad de las TIC; promover y respetar la diversidad cultural; cooperar internacional y regionalmente, para alcanzar una sociedad de la información integradora. A 10 años de este primer acercamiento, en la Declaración de la CMSI+10, relativa a la aplicación de los resultados de la CMSI, se señala que a pesar de que éstas forman parte de la vida de las personas, aún quedan por vencer grandes obstáculos para que se conviertan en impulsoras de innovación, empoderamiento de grupos marginados, conocimiento y crecimiento socioeconómico.[320]

Otro importante avance de la ONU fue el Foro para la gobernabilidad de internet (2004), en el que participaron 200 representantes de gobiernos, empresas privadas y asociaciones civiles. En éste se destacó su potencial como instrumento de desarrollo social y económico; asimismo, se propusieron mecanismos para cerrar la brecha digital entre países pobres y ricos.[321]

[319] *Cfr.* Declaración de Principios de Ginebra, 2003 (http://www.itu.int/wsis/documents/doc_multi.asp?lang=es&id=1161|0).

[320] *Cfr.* Declaración de la CMSI+10 relativa a la aplicación de los resultados de la CMSI, 2014 (http://www.itu.int/wsis/implementation/2014/forum/inc/doc/outcome/362828V2S.pdf).

[321] *Cfr.* ONU inaugura foro para debatir la gobernabilidad de internet, 2004 (http://www.eluniverso.com/2004/03/25/0001/14/C27707C92BF24BC28DB9F23208106F0A.html).

En Latinoamérica y el Caribe se han llevado a cabo diversos foros y conferencias: Conferencia del registro de direcciones de internet para América Latina y el Caribe y Foro de gobernanza de internet del Caribe, en las que se identifican enfoques, subtemas y prioridades de la gobernanza de internet que beneficien a la región.

Asimismo, otros OI desde el ámbito de su competencia han intentado dar respuesta a este fenómeno: el Foro de Cooperación Económica Asia-Pacífico (APEC, por sus siglas en inglés), regula a proveedores de servicios de internet, examina las tarifas de cobro y los flujos de información; la UIT se enfoca en el sistema de nombres de dominio; la OCDE aborda los temas sobre ciberespacio; la Comisión de Naciones Unidas para el Desarrollo Mercantil Internacional (CNUDMI) regula el comercio electrónico a través de la Ley Modelo de la ONU para el derecho mercantil; la Comisión Europea (1997) creó el Plan de Acción para el uso seguro de la red de la Unión Europea (UE); la Organización Internacional de Policía Criminal (Interpol) se encuentra construyendo en Singapur el Complejo Mundial de Interpol para la Innovación (IGCI) y el Centro Transnacional Digital Interpol, para detección, prevención y persecución de delitos digitales.[322]

En México, la policía cibernética tiene como objetivo garantizar la seguridad en internet y combatir ilícitos provocados por las personas mediante el uso de sistemas de cómputo; asimismo, la Comisión Nacional de Seguridad, a través del Centro Nacional de Respuesta a Incidentes Cibernéticos (Cert-MX), realiza patrullajes continuos en internet para identificar virus que bloquean equipos de cómputo y pueden borrar información; además reciben denuncias vía telefónica.[323]

La Policía Cibernética de la Procuraduría General de Justicia del Distrito Federal se encarga de frenar la comisión de delitos de trata de personas, pornografía infantil y fraude, principalmente, a través del bloqueo y cancelación de páginas de internet que pongan en riesgo y promuevan la comisión de algún delito, entre otras.

Nuevos retos del Derecho Internacional Público (DIP)

Terrorismo global y crimen organizado

El terrorismo ha existido desde tiempos remotos, por diferentes motivos y distintos modos de operar, es "la sucesión de actos de violencia ejecutados

[322] *Cfr.* Interpol, 2015 (http://www.interpol.int/es/Crime-areas/Cybercrime/Cybercrime).

[323] Secretaría de Gobernación, Comisión Nacional de Seguridad, Denuncia delitos cibernéticos, 2015 (http://www.ssp.gob.mx/portalWebApp/ShowBinary?nodeId=/BEA%20Repository/1276161).

para infundir terror".[324] La palabra terrorismo viene de los vocablos latinos *terrere* que significa "estremecerse" y *deterrere*, "asustarse de"; es la acción de una persona o grupo, objeto o fuerza para causar temor, es una forma radical de violencia política.[325]

Sin embargo, a partir de los años sesenta estos movimientos toman mayor fuerza en Europa, América Latina y Medio Oriente, entre otros. "La percepción general fue que se trataba de grupos fanáticos que perseguían cambiar las injusticias políticas y sociales de una sociedad determinada".[326]

En aquellos años surgieron separatistas como Ejército Republicano Irlandés (IRA, por sus siglas en inglés) en Irlanda, Euskadi Ta Askatasuna (ETA) en España, (OLP) en Palestina y el Frente Polisario en el Sahara Occidental. No obstante, los avances en comunicaciones y las tecnologías han hecho que este fenómeno sea cada vez más dañino, ya que tienen acceso a todo tipo de armas, en ocasiones hasta nucleares, biológicas y químicas, lo cual repercute no sólo donde se encuentran, sino en la comunidad mundial.

No conoce fronteras, se ha vuelto un grave problema mundial, desde los ataques del 11 de septiembre de 2011 en las Torres Gemelas de Nueva York, y de otros perpetrados por fundamentalistas islámicos en Argentina, España, Israel, Reino Unido, Rusia, Afganistán, Argelia, Egipto, Filipinas, Japón, Jordania, Irak, Siria, Indonesia, India y Sri Lanka, hasta el derribo de aviones comerciales, entre otros.[327] Por ello, los Estados han consentido en adoptar diversos tratados: Convenio de Tokio de 1963, Convenio de La Haya de 1970, Convenios de Montreal de 1971 y 1991, Convenios de Nueva York de 1973 y 1979, Acuerdo para la represión internacional de los atentados terroristas cometidos con bombas de 1997, Convenio para prevenir y sancionar la financiación del terrorismo de 1999, Convención para la protección de los equipos y material nuclear de 1980, Convenio y Protocolo para la represión de actos ilícitos contra la seguridad de la navegación marítima y para la represión de actos ilícitos contra las plataformas fijas emplazadas en la plataforma continental de 1988.

Asimismo, en 1994 la AG de la ONU aprobó la Declaración sobre medidas para eliminar el terrorismo (Resolución 49/60 y Resolución 50/53 de 1995), que cuenta con una Declaración complementaria aprobada en la Resolución 51/210 de 1997:

[324] Eugenio García Flores, *Globalización y derecho internacional en la primera década del siglo XXI*, México, UNAM, 2013, p. 41.

[325] *Cfr.* Bolívar Torres Cevallos, *El derecho internacional Público frente al delito de terrorismo*, 2014 (http://www.afese.com/img/revistas/revista47/delitoterror.pdf).

[326] *Idem.*

[327] *Idem.*

[...] condena enérgicamente todos los actos, métodos y prácticas terroristas por considerarlos criminales e injustificables, dondequiera y por quien quiera sean cometidos; reitera que los actos criminales con fines políticos concebidos o planeados para provocar un estado de terror en la población en general, en un grupo de personas o en personas determinadas, son injustificables en todas las circunstancias, cualesquiera sean las consideraciones políticas, filosóficas, ideológicas, raciales, étnicas, religiosas o de cualquier otra índole que se hagan valer para justificarlos; y exhorta a todos los Estados a que adopten nuevas medidas, de conformidad con las disposiciones pertinentes del DIP, incluidas las normas internacionales de DH, para prevenir el terrorismo y fortalecer la cooperación internacional en la lucha contra éste.[328]

Otras resoluciones de la AG sobre la materia son: A/RES/60/288 (2006) Estrategia global de la ONU contra el terrorismo, A/RES/62/272 (2008); A/RES/64/297 (2010); A/RES/66/282 (2012) sobre el examen de la Estrategia Global contra el Terrorismo.[329] Así, la AG creó en 1972 mediante Resolución 3034 (XXVII) al Comité contra el Terrorismo, basado en las Resoluciones 1373 (2001) y 1624 (2005) del CS, y trabaja para fortalecer acciones en su contra dentro de los Estados a nivel regional y global. La Resolución 1373 (2001) especifica que todos los Estados deben: prevenir y reprimir la financiación de los actos de terrorismo; tipificar como delitos la provisión y recaudación de fondos por sus nacionales o en sus territorios, con la intención de perpetrarlos; abstenerse de proporcionar todo tipo de apoyo a las entidades o personas que participen en su comisión, adoptar todas las medidas necesarias para evitarlos.[330]

La Resolución 1624 (2005) insta a los Estados a tomar las medidas más adecuadas en contra de actos terroristas, reforzando sus fronteras e informando al Comité.[331] Además, el CS ha adoptado otras importantes resoluciones: S/RES/1631 (2005) sobre cooperación entre la ONU y organizaciones regionales en el mantenimiento de la paz y seguridad internacionales; S/RES/1787 (2007) sobre extensión del mandato de la Dirección Ejecutiva del Comité Contra el Terrorismo (DECT); /RES/1805 (2008) sobre el mandato de la DECT extendido hasta el 31 de diciembre de 2010; S/RES/1963, que lo extendió a 2013 y S/RES/ 2133 (2014) reafirma su resolución 1373 (2001) de que todos los Estados prohíban a sus nacionales o a toda persona y entidad, que se encuentre en su territorio, que

[328] ONU, AG, Resolución 51/210 de 1997 (http://www.iri.edu.ar/revistas/revista_dvd/revistas/R12/R12-DONU2.htm).

[329] *Cfr*. ONU, CS, Comité contra el Terrorismo, 2014 (http://www.un.org/es/sc/ctc/resources/res-ga.html).

[330] *Cfr*. ONU, CS, Resolución 1373 de 2001 (https://www.unodc.org/tldb/pdf/Res_1373_2001_es.pdf).

[331] *Cfr*. ONU, CS, Resolución 1624 de 2005 (http://www.un.org/es/comun/docs/?symbol=S/RES/1624(2005)).

pongan cualesquiera fondos, recursos financieros o económicos o servicios financieros o servicios conexos de otra índole, directa o indirectamente, a disposición de las personas que cometan o intenten cometer actos de terrorismo.[332] Dicho comité cuenta con el apoyo de la Dirección Ejecutiva, encargada de aplicar sus decisiones políticas, evaluar y prestar asistencia técnica a los países en esta lucha.

El combate al crimen organizado, dada su característica expansiva, no es ya un problema nacional sino transnacional, por ende la comunidad ha adoptado diversos tratados para enfrentar dicho fenómeno como: Convención de la ONU contra el Tráfico ilícito de estupefacientes y sustancias sicotrópicas de 1988 y más recientemente la Convención de la ONU contra la delincuencia organizada Transnacional de 2000 o Convención de Palermo y sus tres protocolos: *a)* para prevenir, reprimir y sancionar la trata de personas, especialmente mujeres y niños (2000); *b)* contra el tráfico ilícito de migrantes por tierra, mar y aire (2000); y *c)* contra la fabricación y el tráfico ilícitos de armas de fuego, sus piezas, componentes y municiones (2001). Cabe mencionar que México la firmó el 13 de diciembre de 2002, y entró en vigor para nuestro país en septiembre de 2003. Esta convención tiene como objetivo promover la cooperación para prevenir y combatir este tipo de delincuencia de manera eficaz, específicamente en la investigación y enjuiciamiento.[333] Asimismo, se instauró el Grupo de Acción Financiera (Gafi) del cual forma parte nuestro país, cuya función es establecer patrones mínimos de acción e implementación de medidas para combatir el lavado de dinero, que incluyen: penalización, prevención y cooperación.[334] Es importante destacar al grupo de yihadistas, la rama más violenta del poder islámico, que se caracteriza por la frecuente y radical utilización del terrorismo con motivo de lo que ellos llaman "guerra santa", implantada en nombre de Alá. Este grupo se ha instituido como el mejor armado y financiado que jamás haya existido, su ejército ha barrido las fronteras, provocado la migración de grupos étnicos y/o religiosos y las imágenes de la decapitación de dos periodistas norteamericanos han propagado una atmósfera de terror.[335]

[332] *Cfr.* ONU, CS, Comité contra el Terrorismo, Resoluciones, 2014 (http://www.un.org/es/sc/ctc/resources/res-sc.html).

[333] Oscar Uribe Benítez, *La Convención de Palermo*, México, LXI Legislatura de la Cámara de Diputados, 2010, p. 18.

[334] *Cfr.* Cámara de Diputados, LXII Legislatura, "Lavado de dinero, Estudio Teórico Conceptual, Derecho Comparado, Tratados Internacionales y de la nueva ley en la materia en México", 2013 (http://www.diputados.gob.mx/sedia/sia/spi/SAPI-ISS-01-13.pdf).

[335] RTVE, "Informe Semanal, La amenaza yihadista", 2014 (http://www.rtve.es/alacarta/videos/informe-semanal/informe-semanal-amenaza-yihadista/2743618/).

Cooperación procede del latín *cooperari*; de cum, que significa "con" y *operari* que alude a trabajar; por tanto es: "obrar conjuntamente con otro u otros para el mismo fin".[336] La cooperación internacional se refiere a la colaboración y asistencia entre Estados, cuya finalidad es realizar diligencias en el desarrollo de un proceso fuera del Estado requirente, para el cual se necesita auxilio y participación de autoridades extranjeras, derivado del hecho de que la delincuencia no se circunscribe a las fronteras establecidas por los Estados, sino que se internacionaliza. Tiene como presupuestos: soberanía, inmunidad de jurisdicción, necesidad de la extraterritorialidad y reciprocidad.[337]

Este mecanismo es importante para lograr una mayor rapidez en la persecución y enjuiciamiento de delitos tipificados en los textos penales de ordenamientos nacionales, cuyos sujetos imputables se encuentran fuera del país donde delinquieron. Sin embargo, no podemos desconocer la dificultad que proviene de la existencia de órdenes jurídicos disímiles y diversas interpretaciones hechas a los tratados sobre la materia, lo cual en ocasiones dificulta la colaboración.

Por ello, se hace patente el ideal de la justicia penal universal, que se refiere al "reconocimiento mutuo de resoluciones judiciales y respeto absoluto a la interpretación judicial de la normativa interna de cada Estado [que] habrá de pasar por el respeto a los derechos fundamentales y a las garantías jurídico-procesales de los procedimientos de todos los Estados".[338]

En este sentido, se vuelve imprescindible la colaboración, por ello los Estados han desarrollado un conjunto de normas de origen convencional con el objetivo de hacerla posible. Un ejemplo es el Convenio Iberoamericano sobre el uso de video conferencias en la Cooperación Internacional entre Sistemas de Justicia del 3 de diciembre de 2010, entre Argentina, Brasil, Chile, Colombia, Costa Rica, El Salvador, Guatemala, España, Panamá, Paraguay, Portugal, República Dominicana y Ecuador: "como medio concreto para fortalecer y agilizar la cooperación mutua en materia civil, comercial y penal".[339]

[336] María Elena Mansilla y Mejía (coord.), *Derecho internacional. Visiones contemporáneas*, México, Porrúa-UNAM, 2008, p. 1.

[337] *Ibidem*, pp. 1-7.

[338] Sonia Calaza-Ramudo López, *Cooperación jurídico internacional. Extradición y euroorden*, 2014 (http://www.asser.nl/upload/eurowarrant-webroot/documents/cms_eaw_id703_1_Sonia%20Calaza.pdf 9).

[339] Convenio Iberoamericano sobre el uso de la videoconferencia en la Cooperación Internacional entre sistemas de justicia de 2010 (http://www.piaje.org/ES/Docs/COMJIBDocs/Acuerdo% 20Videoconferencia%20ES%2026%20Set%20FINAL.pdf).

Ésta se materializa a través de exhortos y cartas rogatorias, en las que se solicita el apoyo en la investigación, juzgamiento y punición de delitos, mediante el intercambio de información, documentos, actuaciones, localización e identificación de personas y bienes, recepción de testimonios, interrogatorios de imputados, citación y traslado de personas como peritos, testigos, embargos, decomiso de bienes, entre otras.[340]

En el contexto Americano, dichos exhortos y cartas rogatorias están regulados en la Convención Interamericana de 1975, cuya competencia es sobre actuaciones y procesos en materia civil o comercial de los órganos jurisdiccionales de los Estados parte, con el objeto de realizar actos procesales de mero trámite, tales como notificaciones, citaciones o emplazamientos en el extranjero; recibir y obtener pruebas de informes en el extranjero, salvo reserva expresa al respecto, no aplica a actos que impliquen ejecución coactiva.[341]

En el ámbito bilateral, México es parte del Tratado de asistencia jurídica mutua en materia penal con la República Portuguesa de 1998, con la Confederación Helvética de 2005 y con el Reino de España de 2006, entre otros.

Sin embargo, la labor va más allá, se debe transitar de un acto de mero trámite, como notificaciones o testimoniales, hasta el grado máximo de asistencia: el reconocimiento y ejecución de sentencias extranjeras. En este rubro la CNUDMI impulsó la entrada en vigor de la Convención sobre el reconocimiento y la ejecución de sentencias arbitrales extranjeras de Nueva York, de 1958 de la cual son parte 150 Estados, entre los que se encuentra: Alemania (1961), China (1987), Estados Unidos (1970), Francia (1959), Japón (1961), México (1971) y Rusia (1960), entre otros. Mención especial a la amplia colaboración alcanzada por la mayoría de los países del orbe a las tareas que realiza la Interpol, creada en 1923 con sede en Lyon, Francia, de la que forman parte 190 naciones, entre ellas México y cuyas funciones son: facilitar la cooperación policial internacional, impartir formación específica, prestar apoyo especializado en materia de investigaciones, proporcionar información pertinente, entre otras.

Nuevos sujetos de Derecho Internacional Público (DIP)

Con los procesos de apertura de los últimos años, la escena mundial se ha visto irrumpida con nuevos y múltiples sujetos que participan en el desarrollo

[340] *Cfr.* Guía de cooperación Judicial, Ministerio de Relaciones Exteriores, Colombia, 2009 (http://es.calameo.com/read/0016235180a3ed3714ba4).

[341] *Cfr.* "Convención Interamericana sobre Exhortos o Cartas Rogatorias de 1975" (http://www.oas.org/juridico/spanish/tratados/b-36.html).

creador del DIP, menguando el papel central del Estado, hasta casi minimizarlo. En este sentido, podemos señalar que el número de nuevos sujetos en el marco internacional, depende del autor consultado, de lo que éste defina como sujeto y del periodo histórico en el que se desarrolle, Así pues, la figura del Estado como principal sujeto de DIP ha perdido fuerza, debido a la aparición de: bancos y transnacionales, partidos políticos, ONG, grupos de presión, ser humano,[342] entre otros. En un mundo globalizado, marcado por los procesos de liberalización y neoliberalismo económico, en el que el comercio de mercancías y movimiento especulativo de capitales e Inversión Extranjera Directa (IED) no tienen fronteras, ha derivado en nuevas preocupaciones Estatales como resultado de la creciente interacción e integración económica, partiendo de la idea que éste es un hecho que no se puede limitar o acotar, es decir, no reconocen soberanía alguna.

Ejemplo de ello son los fondos buitres que compran deuda estatal de países endeudados a muy bajo precio, entre 20 y 30 por ciento de su valor nominal, para después litigar en foros nacionales y tratar de cobrar 100 por ciento del valor original. Es el caso de Ecuador, Bolivia y Argentina, en que dichos fondos adquirieron una porción de la deuda pública externa a bajos precios e intentaron que les pagaran cuando explotó la crisis económica de 2001.[343] Al respecto, se ha dicho que: "los buitres son las aves que comienzan a volar sobre los muertos; los fondos buitre sobrevuelan sobre países endeudados y en *default*. Son depredadores sociales globales".[344]

Por lo que las compañías privadas que trascienden fronteras están "sujetas en principio a la legislación nacional [sin embargo] actualmente con el fin de ejercer sobre ellas un mayor control en su funcionamiento y sus operaciones que intenta ponerlas bajo control del DIP",[345] tomando medidas para establecer derechos y obligaciones estatales al respecto, en razón de que casi todos los gobiernos carecen de controles mínimos respecto a las balanzas de pagos, flujos de capitales, niveles de empleo, o su capacidad de alteración en los mercados internacionales. Es imposible desconocer que algunos de estos grandes *trust*[346] llegan a controlar sectores fundamentales de la economía de sus países y fuera de ellos, afectando las condiciones de los sectores internacionales donde

[342] *Cfr.* Margarita González de Pazos, *Los nuevos sujetos del Derecho Internacional y la crisis del Estado contemporáneo*, 2014 (http://www.azc.uam.mx/publicaciones/alegatos/pdfs/1/1-13.pdf).

[343] Véase Alfredo Jalife-Rahme, *Argentina, los fondos buitres y las Malvinas. Un enfoque geoestratégico*, México, Orfila, 2014, p. 97.

[344] Noticias Terra, Argentina, 2014 (http://noticias.terra.com.ar/argentina/los-fondos-buitre-acechan-a-la-argentina-que-son,ccd39bf42284a410VgnVCM4000009bcceb0aRCRD.html).

[345] Margarita González de Pazos, *op. cit.*

[346] Del inglés "Empresa".

se desenvuelven, de ahí la importancia de su regulación y reconocimiento como sujetos de DIP.

Por otra parte, en cuanto a los partidos políticos, se les ha circunscrito a la esfera nacional, sin embargo, en los últimos tiempos se admite que estos movimientos, considerados como entidades sociales, presionan a nivel local, regional y en ocasiones hasta global,

> [...] el acrecentamiento de las identificaciones de grupos de poder político que trascienden fronteras y que influyen de manera en ocasiones determinante en la posición que adopta el Estado nacional con respecto a los problemas internos e internacionales más importantes. El aumento de sus identificaciones y la comunidad de interés facilita a estos partidos políticos la elaboración de programas a nivel internacional.[347]

Por ejemplo, en el seno del Parlamento Europeo, todas sus comisiones están integradas por partidos transnacionales afines en ideología e intereses. Así, dentro de la estructura partidaria nacional, funcionan secretarías de asuntos internacionales, las cuales tienen como atribuciones: elaborar programas anuales, vincularse con comunidades en el extranjero; promover el nacionalismo, cultura, tradiciones, respeto a los DH, investigación y difusión a través de foros, seminarios, cursos y congresos; elaborar informes sobre aspectos políticos y económicos en materia global; mantener una agenda de eventos internacionales a los que puedan presentarse sus miembros como representantes de sus ideologías ante OI y embajadas, entre otras.

Asimismo, podemos mencionar las cumbres o seminarios, como la Conferencia Permanente de Partidos Políticos de América Latina y el Caribe (Copppal), la Internacional Socialista o la recién creada Liga de Partidos Progresistas donde los institutos políticos nacionales, de diversas corrientes de países del mundo se reúnen para tratar temas que les afectan y de los cuales quieren tomar posturas comunes.[348] Por otra parte, algunos autores señalan como sujetos de DIP a los grupos de presión cuyos intereses trascienden las fronteras estatales, aunque todavía es muy cuestionable y, por supuesto, no hay unanimidad en la doctrina. Sin embargo, no podemos negar que han influido en las decisiones de poder sin asumir formalmente éste, ya que se constituyen en torno a cualquier interés o valor específico que consideran debe ser tutelado,[349] y que pueden o no coincidir con los de las elites dominantes.

[347] *Idem.*

[348] *Cfr.* Micrositio Llave en Mano, Latinoamérica Partidos, La Copppal espera ir más allá de una declaración en el foro de Nicaragua, 2014 (http://mexico.servidornoticias.com/187_america/2746249_la-copppal-espera-ir-mas-alla-de-una-declaracion-en-el-foro-de-nicaragua.html).

[349] *Idem.*

Es el caso del Movimiento LGBTTTI,[350] grupos de presión social y político que pretenden conseguir la regulación y equiparación de los derechos de homosexuales, transexuales, bisexuales, etcétera, a los de las personas heterosexuales, han puesto sobre la mesa de debate la lucha en favor de los DH, lo que trajo como consecuencia la adopción de los Principios de Yogyakarta sobre la aplicación del DIDH a las cuestiones de orientación sexual e identidad de género de 2006. El texto recoge derechos establecidos en varios instrumentos jurídicos sobre la materia y establece recomendaciones en cuanto a acciones necesarias para el respeto a la diversidad sexual.[351] Cabe mencionar que ha impulsado la legalización de matrimonios homosexuales en varias naciones, consiguiéndola en: Países Bajos (2001), Bélgica (2003), España (2005), Canadá (2005), Sudáfrica (2006), Noruega (2009), Suecia (2009), Portugal (2010), Islandia (2010), Argentina (2010), Dinamarca (2012), Uruguay (2013), Nueva Zelanda (2013), Francia (2013) y Brasil (2013). En México, se adoptó en el Distrito Federal (2007), Quintana Roo (2012), Tamaulipas (2014) y la SCJN los validó en 2015.

Otros han puesto en discusión derechos de los cuales son beneficiarias, como feministas, que con el paso del tiempo han impulsado su reconocimiento y defensa en todos los ámbitos de la vida, tanto pública como privada, gracias a dichos esfuerzos se han establecido en instrumentos internacionales, de los cuales podemos mencionar: Convención interamericana para prevenir, sancionar y erradicar la violencia contra la mujer o Convención de Belém do Pará (Brasil) de 1994 y Convención sobre la eliminación de todas las formas de discriminación contra la mujer de 1979. En México contamos con la Ley General para la Igualdad entre Hombres y Mujeres de 2006 y Ley General de Acceso de las Mujeres a una Vida Libre de Violencia de 2007.

Respecto a la subjetividad del ser humano en el DIP, aún existen controversias. Algunos autores ni siquiera lo contemplan en sus capítulos de sujetos de DIP, otros sostienen que en el siglo actual se advierte una creciente tendencia a reconocer que gozan en alguna medida de personalidad internacional. Las cortes internacionales sostienen esta postura, los países y la doctrina también suelen manifestarse partidarios del reconocimiento de personalidad jurídica a los seres humanos, en virtud a los acuerdos que reconocen derechos y mecanismos para hacerlos efectivos. La Corte Internacional de Justicia (CIJ) sólo puede conocer de controversias entre Estados, sin embargo otros meca-

[350] Lésbico, gay, bisexual, transexual, travesti, transgénero e intersexual.

[351] Principios de Yogyakarta sobre la aplicación de la legislación internacional de DH en relación con la orientación sexual y la identidad de género, 2007 (http://www.yogyakartaprinciples.org/principles_sp.pdf).

nismos se encuentran abiertos a los individuos, en el sistema europeo pueden presentar reclamaciones ante el Tribunal de Justicia Europea (TJE) y el Defensor del Pueblo Europeo (DPE). Asimismo, los individuos pueden ser sentenciados por tribunales internacionales, como la Corte Penal Interncional (CPI), que incoa procesos contra personas por crímenes de: lesa humanidad, guerra, genocidio y agresión. Cabe mencionar que México es parte del Estatuto de Roma (1998).

Derechos humanos y protección de los seres vivos (animales)

Sistema Universal de Protección de los Derechos Humanos (SUPDH)

Los derechos humanos (DH)[352] son un buen ejemplo de esta subjetividad internacional, sin embargo al día de hoy todavía algunos tratadistas cuestionan si realmente los individuos pueden ser sujetos de Derecho Internacional Público (DIP) o sólo se benefician de sus normas. El Derecho Internacional de los Derechos Humanos (DIDH), es la rama que se nutre de las Convenciones Internacionales, costumbre, principios generales de Derecho, precedentes judiciales y doctrina, se han desarrollado a través del tiempo para beneficio del ser humano, constituidos dentro de un sistema universal, otros regionales y nacionales.

El SUPDH surge de los instrumentos que los reconocen y se desarrollan en el marco de la Organización de las Naciones Unidas (ONU), en su Carta, en la Declaración Universal de los Derechos Humanos (DUDH) y en otros tratados que se han impulsado. Recordemos el segundo párrafo del preámbulo de la Carta, en el que instituye como propósitos "reafirmar la fe en los derechos fundamentales del hombre",[353] el párrafo 3 del artículo 1, que se refiere al "desarrollo y estímulo del respeto a los DH y libertades fundamentales de todos sin distinción, por motivos de raza, sexo, idioma o religión".[354] En cumplimiento de estas obligaciones, la ONU a través de la Asamblea General (AG) aprobó en 1948 la DUDH, de carácter no vinculante, integrada por 30 artículos que consagran los derechos civiles, políticos, económicos, sociales y culturales de toda persona.

Ésta fue complementada por tratados como: Convención para la Prevención y la Sanción del Delito de Genocidio (CPSDG, 1951), Pacto Internacional de

[352] Véase Ricardo Méndez-Silva (coord.), *Derecho internacional de los derechos humanos. Culturas y sistemas jurídicos comparados*, México, UNAM-IIJ, 2008, p. 507.

[353] Carta de la ONU de 1945, *op. cit.*

[354] *Idem.*

Derechos Económicos, Sociales y Culturales (PIDESC, 1976), Pacto Internacional de Derechos Civiles y Políticos (PIDCP, 1976), Convención internacional sobre la eliminación de todas las formas de discriminación racial (1965), Convención sobre la eliminación de todas las formas de discriminación contra la mujer (1979), Convención contra la tortura y otros tratos o penas crueles, inhumanos o degradantes (1984), Convención sobre los derechos del niño (1989), Convención internacional sobre la protección de los derechos de todos los trabajadores migratorios y de sus familiares (1990), Convención sobre los derechos de las personas con discapacidad (2006) y Convención internacional para la protección de todas las personas contra las desapariciones forzadas (2010), entre otras.

Este sistema ha establecido a través de dichos tratados, comités, comisiones y cortes internacionales, cuya finalidad es vigilar su cumplimiento, recibir informes de las partes y emitir observaciones finales, entre los que podemos mencionar: Comité de derechos económicos, sociales y culturales, Comité de DH, Comité para la eliminación de la discriminación racial, entre otros.

Dentro de los mecanismos de la ONU, encontramos el Consejo de DH, creado por la AG en 2006, órgano intergubernamental cuyas funciones son: fortalecer la promoción y protección de los DH y formular recomendaciones en la materia.[355]

A este órgano se le dotó de una herramienta novedosa (Resolución 60/251 de la AG, el llamado Examen Periódico Universal (EPU), mediante el cual se revisan los avances sobre el respeto a los DH de todos los miembros de la ONU, y ofrece la oportunidad de que cada Estado pueda declarar las acciones que ha tomado para fomentar el respeto de estos derechos, así como el cumplimiento de sus obligaciones.[356]

Nuestro país compareció ante el consejo para declarar sus avances sobre la materia mediante el EPU, del 23 de octubre de 2013, la delegación estuvo encabezada por el secretario de Relaciones Exteriores y se expusieron acciones tomadas por el Estado mexicano para cumplir con sus obligaciones internacionales, de éstas destacó la reforma de DH de junio de 2011, en la cual se integraron al sistema jurídico nacional las normas internacionales sobre este rubro. A pesar de ello, se recibieron 176 recomendaciones, derivadas de señalamientos y críticas severas sobre temas fundamentales como: falta de protección a defensores de DH y periodistas, persistencia en las leyes de la figura del arraigo y fuero militar por violación de estos derechos cometidos por militares contra

[355] *Cfr*. ONU, Oficina del Alto Comisionado para los DH, 2014 (http://www.ohchr.org/SP/HRBodies/HRC/Pages/AboutCouncil.aspx).

[356] *Cfr*. ONU, Oficina del Alto Comisionado para los DH, EPU, 2014 (http://www.ohchr.org/EN/HRBodies/UPR/Pages/UPRMain.aspx).

civiles, situación de las mujeres y grupos sociales vulnerables, como migrantes y pueblos indígenas.[357]

Derechos Humanos en México

La Reforma de DH de junio de 2011 modificó: la denominación del Capítulo Primero del Título Primero; el primero y quinto párrafos del artículo 1; el segundo párrafo del artículo 3; el primer párrafo del artículo 11; el artículo 15; el segundo párrafo del artículo 18; el primer párrafo del artículo 29; el primer párrafo del artículo 33; la fracción décima del artículo 89; el segundo párrafo del artículo 97; el segundo y tercer párrafos del apartado B del artículo 102; y el inciso g) de la fracción segunda del artículo 105; la adición de dos nuevos párrafos, segundo y tercero, al artículo 1 y recorriéndose los actuales en su orden; un nuevo párrafo segundo al artículo 11, los párrafos segundo, tercero, cuarto y quinto al artículo 29; un nuevo párrafo segundo al artículo 33, recorriéndose el actual en su orden y los nuevos párrafos quinto, octavo y décimo primero, recorriéndose los actuales en su orden, al artículo 102 del Apartado B, de la CPEUM.

Esta reforma trajo consigo un cambio paradigmático a nuestro sistema, armonizando las normas nacionales e internacionales, en beneficio de los mexicanos. El artículo primero instituye las bases para el respeto a los DH, que a la letra dice:

> Artículo 1. En los Estados Unidos Mexicanos todas las personas gozarán de los Derechos Humanos reconocidos en esta Constitución y en los Tratados Internacionales de los que el Estado Mexicano sea parte, así como de las garantías para su protección, cuyo ejercicio no podrá restringirse ni suspenderse, salvo en los casos y bajo las condiciones que esta Constitución establece. Las normas relativas a los Derechos Humanos se interpretarán de conformidad con esta Constitución y con los Tratados Internacionales de la materia, favoreciendo en todo tiempo a las personas la protección más amplia. Todas las autoridades, en el ámbito de sus competencias, tienen la obligación de promover, respetar, proteger y garantizar los Derechos Humanos de conformidad con los principios de universalidad, interdependencia, indivisibilidad y progresividad. En consecuencia, el Estado deberá prevenir, investigar, sancionar y reparar las violaciones a los Derechos Humanos, en los términos que establezca la ley.[358]

[357] *Cfr. Recomendaciones del EPU: desafíos para México* Defensor, Revista de DH, enero de 2014 (http://dfensor.cdhdf.org.mx/DFensor_01_2014.pdf).

[358] CPEUM de 1917, *op. cit.*

Como podemos observar, se establece la misma jerarquía para la CPEUM y los tratados en materia de los DH, instituye la interpretación conforme y el principio pro persona (garantista), obliga a todas las autoridades, dentro de sus respectivas competencias, a promover, respetar, proteger y garantizarlos, de conformidad con los principios de universalidad, interdependencia, indivisibilidad y progresividad. También introduce conceptos como: bloque de constitucionalidad y control de convencionalidad. Ulises Carmona Tinoco divide en dos grandes grupos los cambios adoptados por esta reforma:

- *Sustantivos* (derivados de la armonización del derecho constitucional e internacional): la modificación de la denominación del capítulo primero, otorgamiento de rango constitucional a los tratados, ampliación de la hipótesis de no discriminación, educación en materia de DH, derecho de asilo y refugio, respeto de estos derechos en la operación del sistema penitenciario, así como su inclusión en los principios de política exterior mexicana.
- *Operativos* (herramientas para la aplicación de los mismos): interpretación conforme principio pro persona, principios que rigen los DH (universalidad, interdependencia, indivisibilidad y progresividad), prohibición de adoptar tratados que menoscaben éstos, requisito de previa audiencia para la expulsión de extranjeros, ampliación de la competencia de las *comisiones de DH para conocer de asuntos laborales.*[359]

Respecto al bloque de constitucionalidad, control de convencionalidad y de constitucionalidad, a partir de esta reforma se integra un bloque de constitucionalidad (conjunto de normas que tienen jerarquía constitucional en el ordenamiento jurídico de cada país, que no están necesariamente incluidas en el texto constitucional, sino que las podemos encontrar en otros ordenamientos),[360] por lo cual el control central/difuso de constitucionalidad debe necesariamente integrar el control difuso de convencionalidad. Es decir, las normas constitucionales deben interpretarse de conformidad con los tratados internacionales y la jurisprudencia convencional.[361]

Cabe mencionar que la Suprema Corte de Justicia de la Nación (SCJN), en el expediente varios 912/2010, señaló que los jueces deben llevar a cabo un

[359] *Cfr.* Jorge Ulises Carmona Tinoco, *La reforma y las normas de derechos humanos previstas en los tratados internacionales*, México, IIJ, 2011 (http://biblio.juridicas.unam.mx/libros/7/3033/4.pdf).

[360] *Cfr.* Graciela Rodríguez, *Reforma DH, bloque de constitucionalidad*, 2013, p. 17 (http://www2.scjn.gob.mx/red/coordinacion/Bloque%20de%20constitucionalidad.pdf).

[361] *Cfr.* José Luis Caballero Ochoa, *La cláusula de interpretación conforme y el principio pro persona (artículo 1 segundo párrafo, de la Constitución)*, México, IIJ, 2014 (http://biblio.juridicas.unam.mx/libros/7/3033/6.pdf), p. 122.

control de convencionalidad *ex officio* en un modelo de control difuso de constitucionalidad. En el mismo sentido, la Comisión Interamericana de Derechos Humanos (CIDH), en un caso contra Chile, determinó que los Estados parte de la Convención Americana, debían

> [...] velar porque los efectos de las disposiciones de la Convención no se vean mermadas por la aplicación de leyes contrarias a su objeto y fin, y que desde un inicio carecen de efectos jurídicos. En otras palabras, el Poder Judicial debe ejercer una especie de *control de convencionalidad* entre las normas jurídicas internas que aplican en los casos concretos y la CADH.[362]

Sin embargo, a pesar de esta reforma, en nuestro país todavía existen cuestiones sin resolver en esta materia, como son las desapariciones forzadas en Ayotzinapa, las muertes a manos de los militares en Tlatlaya, de periodistas y defensores de DH en todo el país, los feminicidios en Ciudad Juárez y en el Estado de México, que evidencian las grandes deficiencias en la aplicación de nuestro sistema jurídico nacional e internacional en DH.

Ejemplo de ello son las desapariciones forzadas que comenzaron en la década de los sesenta y continúan hasta nuestros días, de las cuales se calcula son aproximadamente 22 mil casos, tal vez más. Al respecto, el 30 de agosto de 2014, fecha en la que se conmemora el Día Internacional de las Víctimas de Desapariciones Forzadas, la ONU instó al Estado mexicano a reconocer la competencia del Comité contra la Desaparición Forzada y solidarizarse con los familiares de las víctimas.[363]

Asimismo, es menester mencionar que coincidentemente el 25 de agosto de 2014 se conmemoró el 40 aniversario de la desaparición forzada de Rosendo Radilla Pacheco, detenido por elementos del Ejército Mexicano. Primer caso de desaparición forzada presentado a nivel internacional, del cual conoció la CIDH y cuya sentencia del 23 de noviembre de 2009 determinó: responsabilidad internacional del Estado por violaciones a los derechos de libertad personal, integridad, personalidad jurídica, garantías judiciales, protección judicial y a la vida; proseguir con la búsqueda efectiva y localización inmediata de la víctima; adoptar las reformas legislativas pertinentes para compatibilizar los Códigos de Justicia Militar con los estándares internacionales; implementar cursos referentes a la jurisprudencia del Sistema Interamericano de Protección de los Derechos

[362] CIDH. Caso Almonacid Arellano y otros *vs*. Chile, Fondo, Reparaciones y Costas. Sentencia del 26 de septiembre de 2006 (http://www.corteidh.or.cr/docs/casos/articulos/seriec_154_esp.pdf).

[363] "Crítica, la situación de México por las desapariciones forzadas: ONU", en *La Jornada*, 2014 (http://www.jornada.unam.mx/2014/08/30/politica/003n1pol).

Humanos (SIPDH); así como la atención psicológica de los familiares de la víctima.[364] Dicha sentencia fue parteaguas en la historia de nuestro país, ya que a partir de ésta, las autoridades mexicanas y, de manera destacada, la SCJN, emitieron decisiones que permearían a todo el Poder Judicial y con ello a la sociedad.

Sin embargo, los DH en México no pueden ser realidad en un contexto autoritario, requieren calidad democrática e inclusión social, respeto a los derechos de mujeres, personas de la tercera edad, discapacitados, indígenas, niños, etcétera, y mecanismos ciudadanos que los hagan valer, ya que en las democracias modernas la capacidad fundamental que tienen los ciudadanos de echar a los malos funcionarios, es la única garante, la última conexión entre éstos y los políticos. Debemos luchar para que desigualdad y discriminación ya no sean tradición, que los derechos de las minorías sean un reconocimiento a la diversidad.[365]

No podemos permitir que se repitan casos como el del general brigadier José Gallardo, quien propuso la creación de un *ombudsman* militar, y por ello fue amenazado, hostigado, intimidado y encarcelado en 1993 tras levantarse en su contra 15 averiguaciones previas, en juzgados militares y civiles, y nueve causas penales.[366]

Protección de datos personales

Los datos personales son toda la información que te identifica, te hace identificable y te distingue de los demás como: nombre, origen étnico, lengua, firma, fecha de nacimiento, edad, nacionalidad, estado civil, institución donde trabajas, salario, tarjetas de débito y crédito, estado de salud, certificados escolares, tipo de sangre, preferencias sexuales, religión, etcétera.[367]

Estos datos pueden ser solicitados por terceros, como entidades públicas o particulares, sin embargo, los particulares gozan de los llamados derechos de acceder, rectificar, cancelar u oponerse (ARCO): acceder a tus datos en posesión de éstos, rectificar cuando son incorrectos o inexactos, cancelar cuando resulten inadecuados, innecesarios o irrelevantes, es el llamado "derecho al olvido", por el cual el titular puede borrar, bloquear y suprimir información que considere

[364] CIDH, Caso Radilla Pacheco *vs*. México, Excepciones Preliminares, Fondo, Reparaciones y Costas. Sentencia del 23 de noviembre de 2009 (www.corteidh.or.cr/docs/casos/articulos/seriec_209_esp.doc).

[365] *Cfr*. Juan José Russo Foresto (coord.), *Calidad democrática, formación ciudadana y comportamiento electoral*, México, IFE-Conacyt, 2010, pp. 427-489.

[366] *Cfr*. CIDH, OEA, Informe No. 43/96, México, 15 de octubre de 1996 (https://www.cidh.oas.org/annualrep/96span/Mexico11430.htm).

[367] *Cfr*. Claudio Cirio Romero (coord.), *El ABC de los datos personales*, México, Comaip, 2013, pp. 9-12.

obsoleta o que le afecte en sus derechos fundamentales, y oponerse a cualquier forma de tratamiento.[368]

En México contamos con las siguientes normas: Ley Federal de Protección de Datos Personales en Posesión de Particulares y su Reglamento, Ley de Protección de Datos Personales para el Distrito Federal, Ley de Responsabilidad Civil para la Protección del Derecho a la Vida Privada, el Honor y la Propia Imagen en el Distrito Federal, Reglamento del Instituto de Acceso a la Información Pública y Protección de Datos Personales del Distrito Federal en Materia de Transparencia y Acceso a la Información Pública, entre otras.[369]

Cabe mencionar que el 9 de septiembre de 2014, el pleno del Instituto Federal de Acceso a la Información y Protección de Datos (IFAI), con base en la Ley Federal de Protección de Datos Personales, inició un procedimiento contra Google México, para hacer efectivos los derechos de cancelación y oposición al tratamiento de datos personales y otras posibles infracciones a la ley mencionada.[370]

Este caso sienta un precedente para que el derecho al olvido en internet sea una realidad en nuestro país, ya que a pesar de las leyes con que cuentan los mexicanos para su protección, nuestro país posee un marcado retraso, ello aunado al desconocimiento que tiene la población en general sobre la materia.

A nivel internacional, en enero de 1981 se firmó el Convenio del Consejo de Europa para la protección de las personas con respecto al tratamiento automatizado de datos de carácter personal. Este convenio aplica a todos los sectores de la sociedad: empleo, bancario, médico, seguros, policía, justicia, administración, etcétera. Tiene como objetivos: limitar de manera estricta la posibilidad de desligarse de las normas de protección de datos personales; obligar a establecer en los Estados parte una o varias autoridades independientes que aseguren el respeto al convenio y proteger el movimiento transfronterizo de datos hacia terceros países. Asimismo, establece los principios fundamentales para la gestión adecuada de datos:

- Deben obtenerse y utilizarse con una finalidad determinada, y no manejarse para un objetivo no relacionado.

[368] *Ibidem*, pp. 16-19. *Cfr.* Juan José Russo Foresto (coord.), *Calidad democrática, op. cit*; Cfr. CIDH, OEA, Informe No. 43/96, México, 15 de octubre de 1996 (https://www.cidh.oas.org/annualrep/96span/Mexico11430.htm). *Cfr.* Claudio Cirio Romero (coord.), *El ABC de los datos personales, op. cit. Ibidem*, pp. 16-19.

[369] Véase John Ackerman e Irma E. Sandoval, *Leyes de Acceso a la Información en el Mundo*, México, IFAI, 2013, p. 61.

[370] *Cfr.* FronteraINFO, "¿Google borrará datos de mexicanos?", 2014 (http://www.frontera.info/EdicionEnLinea/Notas/CienciayTecnologia/31012015/936933-Google-borrara-datos-de-mexicanos.html).

- Deberán ser almacenados y tratados los datos estrictamente necesarios para el objetivo determinado.
- Deberán ser exactos y actualizados.
- Deberán conservarse únicamente por el tiempo necesario para cumplir con el objetivo.[371]

Otros instrumentos jurídicos son:

- Estándares internacionales sobre protección de datos personales y privacidad (Resolución de Madrid) adoptados como resultado de la 30ª Conferencia Internacional de Autoridades. Protección de datos y privacidad de 2008; y
- Resoluciones sobre: la protección de datos y la privacidad deben asegurarse mediante el derecho internacional, Apertura de prácticas de datos personales y rastreo en línea y privacidad, fruto de la Quinta Conferencia Internacional de los Comisionados de Privacidad y Protección de Datos, Polonia, 2013.

Derechos de protección a los animales

Cada día se reafirman los ideales de la gente que ama tanto a los animales como a la naturaleza, y se pronuncia en torno al uso de cualquier tipo de violencia en su contra: corridas de toros, peleas de gallos o perros, etcétera. En respuesta, la comunidad mundial ha puesto en vigor diversos instrumentos como: Comisión sobre el Comercio Internacional de Especies (CITE), Convención sobre la Conservación de las Especies Migratorias de Animales Silvestres (CMS), Convención sobre la Diversidad Biológica (CDB), entre otros.[372] Asimismo, se han creado los organismos internacionales (OI) y organizaciones no gubernamentales (ONG) como: Comisión Ballenera Internacional, Organización Mundial de Sanidad Animal, International Funfi for Animal Wesfare, Greenpeace, Fundación Altarriba, Amigos de los Animales, Animals Asia Foundation, Asociación Defensa Derechos Animal, Sociedad Protectora de Animales, Animales SOS, Personas por la ética en el trato de los animales, entre otras.[373]

[371] *Cfr.* Convenio del Consejo de Europa para la protección de las personas con respecto al tratamiento automatizado de datos de carácter personal, información general, 2014 (http://www.coe.int/t/dghl/standardsetting/DataProtection/Global_standard/D% C3%A9pliant%20 Conv108_es.pdf).

[372] International Funfi for Animal Wesfare, Proteger a los animales con el Derecho Internacional y la política, 2014 (http://www.ifaw.org/espanol/nuestro-trabajo/political-advocacy/proteger-los-animales-con-el-derecho-internacional-y-la-pol%C3%ADtica).

[373] *Planetica.org*, "Protección de animales- Organizaciones Internacionales", en 2014 (http://www.planetica.org/proteccion-de-animales-organizaciones-internacionales).

Destaca el esfuerzo que están realizando algunas OI para impulsar la adopción de la Declaración Universal sobre Bienestar Animal por parte de la ONU, que busca: reconocer que los animales sufren, por tanto necesitan bienestar y respeto a su integridad física; responsabilizar a los Estados para que adopten medidas para prevenir la crueldad y reducir el sufrimiento de animales en granjas y laboratorios científicos, acompañantes, silvestres y de recreación,[374] ya que muchos animales son lastimados, torturados, envenenados, asfixiados, infectados y asesinados mediante la vivisección, por la cual muere un animal cada tres segundos en Europa y uno cada segundo en Estados Unidos.[375]

En México contamos con diversa legislación como: Ley Federal de Sanidad Animal, Ley General de Vida Silvestre y Ley General del Equilibrio Ecológico y Protección al Ambiente, Ley Protectora de Animales del DF y del Estado de México. También se cuenta con varias ONG: Amigos Pro Animales, Grupo de Defensa de la vida animal, Asociación Voluntaria para la Protección y Cuidado de Animales, Gente por los Animales, Asociación Pro Defensa Animal, Centro de Adopción y Rescate Animal, etcétera.

No obstante, a pesar de que se ha legislado para su protección y cuidado, las normas referentes al consumo son demasiado ambiguas o tolerantes, se cuenta con algunas normas oficiales mexicanas (NOM) que protegen su matanza y transporte, pero no su estadía en criaderos y rastros. Asimismo, se ha prohibido los animales en circos, pero no la tauromaquia que está protegida en al menos cinco estados de la República: Querétaro, Colima, Guerrero, Morelos y Chihuahua.[376] Es patético el caso del estado de Aguascalientes, que en el número 42, tomo LXXIV, de la edición vespertina del *Periódico Oficial del Estado*, fechado el lunes 17 de octubre de 2011, la LXII Legislatura promulgó el Decreto del Ejecutivo, en el que declara la Fiesta de Toros como Patrimonio "Cultural" Inmaterial del Estado, en franca violación a su Ley de Protección a los Animales para el Estado (2001) de la LVII Legislatura. Cabe mencionar que en ese mismo estado dentro de los espectáculos de la Feria de San Marcos son sacrificados hasta 90 toros y más de mil gallos, en tan sólo 20 días de festejos locales, representando un negocio altamente lucrativo.

[374] Declaración Universal sobre Bienestar Animal, 2014 (http://www.worldanimalprotection.cr/Images/Proposed_UDAW_Text%20-%20ENGLISH_tcm24-2544.pdf#false).

[375] Cfr. Experimentación con Animales, 2015 (https://www.youtube.com/watch?v=tybFiJyFjJY&feature=youtu.be).

[376] "Las leyes sobre animales en México, enjauladas entre contradicciones, en CNN México, 2014 (http://mexico.cnn.com/nacional/2014/03/21/las-leyes-sobre-animales-en-mexico-enjauladas-entre-contradicciones).

Fuentes consultadas

ACKERMAN, John e Irma E. Sandoval, *Leyes de acceso a la información en el Mundo*, México, IFAI, 2013, 61 pp.

ACOSTA CERÓN, Ramiro, *Los nuevos sujetos del derecho internacional*, Quito, Abya Yala, 2002, 220 pp.

ÁLVAREZ LONDOÑO, Luis Fernando, *Derecho internacional público*, 4ª edición, Bogotá, Pontificia Universidad Javeriana, 2007, 725 pp.

CANTO VERA, Norma Alicia, *La función diplomática*, México, Editor Universidad Autónoma de Baja California, 2006, 309 pp.

CHANONA BURGUETE, Alejandro (coord.), *Confrontando modelos de seguridad energética*, México, UNAM-SITESA, 2013, 471 pp.

———, "Teorías de la integración regional: ¿existe una perspectiva comparada entre la UE y el TLCAN?, en Joaquín Roy *et al.*, *Retos e interrelaciones de la integración regional: Europa y América*, México, Plaza y Valdés, 2003, 557 pp.

CIRIO ROMERO, Claudio (coord.), *El ABC de los datos personales*, México, Comaip, 2013, pp. 9-12.

CORZO SOSA, Edgar, *Medidas provisionales de la Corte Interamericana de Derechos Humanos*, México, IIJ-Tirant lo Blanch, 2014, 118 pp.

CRAWFORD, James, *Los artículos de la Comisión de Derecho Internacional sobre la responsabilidad internacional del Estado. Introducción, texto y comentarios*, Madrid, Dykinson, 2004, 461 pp.

GALLO COBIAN, Virginia *et al.*, *Anuario mexicano de derecho internacional*, México, UNAM, 2014, 912 pp.

GARCÍA FLORES, Eugenio, *Globalización y derecho internacional en la primera década del siglo XXI*, México, UNAM, 2013, 517 pp.

IBARRA PALAFOX, Francisco, *La privatización bancaria en México*, México, Siglo XXI-UNAM, 2014, p. 389.

JALIFE-RAHME, Alfredo, *Argentina, los fondos buitres y las Malvinas. Un enfoque geoestratégico*, México, Orfila, 2014, 97 pp.

_______, *Muerte de Pemex y suicidio de México*, México, Orfila, 2014, 200 pp.

LÓPEZ-BASSOLS, Hemilo, *Derecho internacional público y jurisprudencia internacional*, México, Porrúa-Universidad de Guadalajara, 2014, 688 pp.

_______, *Tratado de derecho diplomático y consular*, México, Porrrúa, 2006, 843 pp.

LÓPEZ VELARDE CAMPA, Jesús Armando, *La mexicanidad del Mar Bermejo*, México, Rofomex, 1990, 157 pp.

_______, *La Unión Europea. Paradigma para la integración en América del Norte*, México, Universidad Autónoma de Aguascalientes- Ciencias Sociales y Humanidades-Derecho Internacional, 2006, 287 pp.

_______, *Unión Europea e integración latinoamericana*, México, Cámara de Diputados LXII legislatura-M.A. Porrúa, 2014, 297 pp.

_______, *Vientos de cambio. Una crónica de los principales acontecimientos de nuestro mundo rumbo al final del siglo XX, visto a la luz del derecho internacional*, México, LIII Legislatura de Aguascalientes, 1989, 166 pp.

LÓPEZ ZAMARRIPA, Norka, *Derecho internacional público*, México, Facultad de Derecho-Porrúa, 2014, 454 pp.

MANSILLA Y MEJÍA, María Elena (coord.), *Derecho Internacional. Visiones contemporáneas*, México, Porrúa-UNAM, 2008, 216 pp.

MARCANO SALAZAR, Luis Manuel, *Fundamentos del Derecho Internacional Público: introducción al estudio de la historia de las instituciones del Derecho Internacional Público y su impacto en las relaciones internacionales*, Caracas, Los Libros del Nacional, 2005, 145 pp.

MÉNDEZ-SILVA, Ricardo, *El Consejo de Seguridad de las Naciones Unidas y los casos de Afganistán e Irak*, México, UNAM-IIJ, 2014, 276 pp.

_______, "El uso de la fuerza y el derecho internacional humanitario", en Ricardo Méndez-Silva (comp.), *Elementos de derecho internacional Humanitario*, México, UNAM-IIJ, 2001, 178 pp.

MONREAL ÁVILA, Ricardo, *Privatización del petróleo. El robo del siglo*, México, s.e., 2014, 196 pp.

_______, *Reformas estructurales, mitos y realidades*, México, Cámara de Diputados, LXII Legislatura-M.A. Porrúa, 2014, 274 pp.

NOVAK, Fabián y Fernando Pardo Segovia, *Derecho diplomático: comentarios a la Convención sobre Relaciones Diplomáticas*, Quito, Fondo Editorial PUCP, 2001, 392 pp.

PALACIOS TREVIÑO, Jorge, *Tratados. Legislación y práctica en México*, 4ª edición, México, Universidad Iberoamericana, 2007, 302 pp.

PÉREZ-PRAT DURBÁN, Luis, *La provincia del derecho internacional*, Madrid, Dykinson, 2004, 212 pp.

RINCÓN, Tatiana y Tatiana Rincón Covelli, *Verdad, justicia y reparación: la justicia de la justicia transicional*, Bogotá, Universidad del Rosario, 2010, 185 pp.
RODRÍGUEZ CARRIÓN, Alejandro, *Lecciones de derecho internacional Público*, 4ª edición, Tecnos, 2001, 592 pp.
ROJINA VILLEGAS, Rafael, *Compendio de derecho civil. Introducción, personas y familia*, 32ª edición, México, Porrúa, 2002, 540 pp.
ROLDÁN ACOSTA, Eduardo, "Política y cooperación en acción. China en el noreste asiático: las grandes potencias y el problema intercoreano", en Raquel Isamara León de las Rosa y Juan Carlos Gachúz Maya, *Política exterior china: relaciones regionales y cooperación*, México, Piso 15 Editorial, 2015, pp. 149-244.
RUSSO FORESTO, Juan José (coord.), *Calidad democrática, formación ciudadana y comportamiento electoral*, México, IFE, Conacyt, 2010, 559 pp.
SÁNCHEZ MARÍN, Ángel Luis, *Principios de teoría del Estado*, s.l., LibrosEnRed, 2002, 210 pp.
SÁNCHEZ, Víctor Manuel *et al.*, *Derecho Internacional Público*, 2ª edición, Madrid, Huygens, 2010, 472 pp.
SCHIAVON, Joge A., *La proyección internacional de las entidades federativas: México ante el mundo*, México, Instituto Matías Romero-SRE, 2006, 141 pp.
SODUPE, Kepa, *Poder e interdependencia en el sistema internacional, 1950-1995: bases para un estudio cuantitativo*, Madrid, Fundamentos, 2000, 305 pp.
ÚBEDA-PORTUGUÉS, José Escribano, *Breve introducción al Derecho Internacional Público*, Barcelona, AEBIUS, 2011, 309 pp.
URIBE BENÍTEZ, Óscar, *La Convención de Palermo*, México, LXI Legislatura de la Cámara de Diputados, 2010, p. 82.
VALLARTA MARRÓN, José Luis, *Derecho Internacional Público*, México, Porrúa, 2006, 545 pp.
VELÁZQUEZ ELIZARRARÁS, Juan Carlos (coord.), *Nuevos desarrollos temáticos para el estudio del Derecho Internacional Público*, México, UNAM, 2004, 398 pp.

Hemerografia

LÓPEZ VELARDE CAMPA, Jesús Armando, "El proceso de creación de leyes en México", en *AAPAUNAM Academia, Ciencia y Cultura*, Número Especial, 2010, México, pp. 61-66.
———, "La caída de la dictadura en Chile: la muerte de Augusto Pinochet", en *Vertiente. Revista Cultural de la Universidad Autónoma de Aguascalientes*, Segunda Época, México, primavera de 2007, pp. 52-56.
MEJÍA, Martha y Stefan Káiser, "Responsabilidad internacional: un término, dos conceptos, una confusión", *Anuario Mexicano de Derecho Internacional*, vol. IV, 2004, pp. 411-437.

MÉNDEZ-SILVA, Ricardo, "La firma de los tratados", *Revista Mexicana de Derecho Constitucional (Sección de Comentarios Jurisprudenciales)*, núm. 3, México, julio-diciembre de 2000, pp. 209-228.

ROJAS AMANDI, Víctor Manuel, "El Derecho Internacional Público del medio ambiente al inicio del siglo XXI", *Anuario Mexicano de Derecho Internacional*, vol. II, México, 2002, pp. 335-371.

ROSSEL CASTAGNETO, María Lorena, "El Consejo de Seguridad y el nuevo orden internacional", *Revista de Derecho de la Universidad Católica de Valparaíso XXII*, vol. 23, Santiago de Chile, Publicaciones de la Escuela de Derecho, 2002, pp. 503-520.

TARDÍO PATO, José Antonio, "El principio de especialidad normativa (lex specialis) y sus aplicaciones jurisprudenciales", *Revista de Administración Pública*, núm. 162. septiembre-diciembre de 2003, pp. 189-225.

VELÁZQUEZ ELIZARRARÁS, Juan Carlos, "El estudio de caso en las relaciones jurídicas internacionales: modalidades de aplicación del derecho Internacional", *Anuario de Derecho Internacional*, vol. VIII, México, 2008, 637 pp.

VELÁZQUEZ FLORES, Rafael, "La paradiplomacia mexicana: las relaciones exteriores de las entidades federativas", *Relaciones Internacionales*, núm. 96, México, septiembre-diciembre, 2006, pp. 123-149.

Diccionarios

OSSORIO, Manuel, *Diccionario de Ciencias Jurídicas, Políticas y Sociales*, 35ª edición, Buenos Aires, Heliasta, 2007, 1007 pp.

Real Academia de la Lengua Española, *Diccionario de la Lengua Española*, tomo I, 2014, Madrid, Espasa-Calpe, 2448 pp.

PEREIRA, Juan Carlos, *Diccionario de Relaciones Internacionales y Política Exterior*, Madrid, Ariel, 2008, 1005 pp.

TULA, Jorge *et al.*, *Diccionario de Política*, México, Siglo XXI, 2000, 9,000 pp.

Instrumentos jurídicos

Carta de la Organización de Naciones Unidas de 1945 (http://www.un.org/es/documents/charter/).

Carta de la Organización de Estados Americanos de 1948 (http://www.oas.org/dil/esp/tratados_A-41_Carta_de_la_Organizacion_de_los_Estados_Americanos.htm).

Caso Velásquez Rodríguez, Sentencia de 29 de julio de 1988, Serie C No. 4, párr. 166, Caso Godínez Cruz, Sentencia de 20 de enero de 1989. Serie C No. 5, párr. 175 (http://www.corteidh.or.cr/docs/casos/articulos/seriec_04_esp.pdf).

Constitución Política de los Estados Unidos Mexicanos de 1917 (http://www.diputados.gob.mx/LeyesBiblio/htm/1.htm).

Convención de Agentes Consulares de 1928 (http://proteo2.sre.gob.mx/tratados/ARCHIVOS/AGENTES%20CONSULARES.pdf). Convención de Viena sobre el derecho de los tratados de 1969 (http://www.oas.org/36ag/espanol/doc_referencia/Convencion_Viena.pdf).

Convención de Viena sobre la sucesión de Estados en materia de bienes, archivos y deudas de Estado de 1983 (http://www.dipublico.com.ar/instrumentos/21.html).

Convención de Viena sobre relaciones diplomáticas de 1961 (http://www.oas.org/legal/spanish/documentos/ConvencionViena.htm).

Convención de Viena sobre relaciones consulares de 1963 (http://www.oas.org/legal/spanish/documentos/convvienaconsulares.htm).

Convención Interamericana sobre Exhortos o Cartas Rogatorias de 1975 (http://www.oas.org/juridico/spanish/tratados/b-36.html).

Convención sobre Derechos y Deberes de los Estados de 1933 (http://www.oas.org/juridico/spanish/tratados/a-40.html).

Convenio de Bagdad de 1960 (http://a2bccom.blogspot.mx/2013/07/el-convenio-de-bagdad.html).

Convenio de Ginebra para el mejoramiento de la suerte de los militares heridos en los ejércitos en campaña de 1864 (http://www.icrc.org/spa/resources/documents/treaty/treaty-1864-geneva-convention-1.htm).

I Convenio de Ginebra para aliviar la suerte que corren los heridos y los enfermos de las fuerzas armadas en campaña de 1949 (http://www.icrc.org/spa/resources/documents/treaty/treaty-gc-1-5tdkna.htm).

II Convenio de Ginebra para mejorar la suerte de los heridos, enfermos y náufragos de las fuerzas armadas en el mar de 1949 (http://www.parlamento.gub.uy/htmlstat/pl/convenios/conv13683-2.htm).

III Convenio de Ginebra relativo al trato debido a los prisioneros de guerra de 1949 (http://www.icrc.org/spa/resources/documents/treaty/treaty-gc-3-5tdkwx.htm).

IV Convenio de Ginebra relativo a la protección debida a las personas civiles en tiempo de guerra de 1949 (http://www.icrc.org/spa/resources/documents/treaty/treaty-gc-4-5tdkyk.htm).

Convenio Iberoamericano sobre el uso de la videoconferencia en la Cooperación Internacional entre sistemas de justicia de 2010 (http://www.piaje.org/ES/Docs/COMJIBDocs/Acuerdo%20Videoconferencia%20ES%2026%20Set%20FINAL.pdf).

Convenio sobre pueblos indígenas y tribales de 1989 (http://www.ilo.org/indigenous/Conventions/no169/lang--es/index.htm).

Corte Interamericana de Derechos Humanos. Caso Almonacid Arellano y otros *vs*. Chile, Fondo, Reparaciones y Costas. Sentencia del 26 de septiembre de

2006, párr., 124 (http://www.corteidh.or.cr/docs/casos/articulos/seriec_154_esp.pdf).

Corte Interamericana de Derechos Humanos, Opinión Consultiva Oc-11/90, del 10 de agosto de 1990, Excepciones al Agotamiento de los Recursos Internos (artículos 46.1, 46.2.A y 46.2.B Convención Americana sobre Derechos Humanos) párr. 30 y 32 (http://www.corteidh.or.cr/docs/opiniones/seriea_11_esp.pdf).

Declaración de Garantías de Independencia para las Colonias y los Pueblos de 1960 (http://www.un.org/es/comun/docs/?symbol=A/RES/1514(XV)&Lang=S&Area=RESOLUTION).

Declaración de Estocolmo sobre el medio ambiente humano de 1972 (http://www.ordenjuridico.gob.mx/TratInt/Derechos%20Humanos/INST%2005.pdf).

Declaración de Río sobre el medio ambiente y el desarrollo de 1992 (http://www.un.org/spanish/esa/sustdev/agenda21/riodeclaration.htm).

Declaración sobre los principios de Derecho Internacional referentes a las relaciones de amistad y a la cooperación entre los Estados de conformidad con la Carta de Naciones Unidas de 1970 (http://daccess-dds-ny.un.org/doc/RESOLUTION/GEN/NR0/352/86/IMG/NR035286.pdf?OpenElement).

Estatuto de la Corte Internacional de Justicia de 1945 (http://www.icj-cij.org/homepage/sp/icjstatute.php).

Estatuto del Organismo Internacional de Energía Atómica de 1956 (https://www.iaea.org/About/statute_sp.pd).

Organización de Naciones Unidas, Asamblea General, Resolución 51/210 de 1997 (http://www.iri.edu.ar/revistas/revista_dvd/revistas/R12/R12-DONU2.htm).

Organización de Naciones Unidas, Asamblea General, Resolución 3314 (XXIX) de 1974 (http://www.dipublico.com.ar/4071/definicion-de-la-agresion-resolucion-3314-xxix-de-la-asamblea-general-de-las-naciones-unidas/).

Organización de Naciones Unidas, Consejo de Seguridad, Resolución 1373 de 2001 (https://www.unodc.org/tldb/pdf/Res_1373_2001_es.pdf).

Organización de Naciones Unidas, Consejo de Seguridad, Resolución 1624 de 2005 (http://www.un.org/es/comun/docs/?symbol=S/RES/1624(2005)).

Pacto de la Sociedad de Naciones de 1919 (http://ocw.uc3m.es/periodismo/periodismo-internacional-ii/lecturas/leccion7/Pacto_de_la_Sociedad_de_Naciones.pdf).

Protocolo Adicional a los Convenios de Ginebra de 1949 relativo a la Protección de las Víctimas de los Conflictos Armados Internacionales (Protocolo I) de 1977 (https://www.icrc.org/spa/resources/documents/misc/protocolo-i.htm).

Protocolo Adicional a los Convenios de Ginebra de 1949 relativo a la protección de las víctimas de los conflictos armados sin carácter internacional (Pro-

tocolo II) de 1977 (http://www.icrc.org/spa/resources/documents/misc/protocolo-ii.htm#2).
Protocolo Adicional a los Convenios de Ginebra de 1949 relativo a la aprobación de un signo distintivo adicional (Protocolo III) de 2005 (http://www.icrc.org/spa/resources/documents/misc/protocolo-iii.htm).
Reglamento de la Ley del Servicio Exterior Mexicano de 2002 (http://2006-2012.sre.gob.mx/images/stories/marconormativodoc/regleysem.pdf).
Tratado entre la Santa Sede e Italia de 1929 (http://www.vaticanstate.va/content/dam/vaticanstate/documenti/leggi-e-decreti/TratadoentrelaSantaSedeeItalia.pdf).
Tratado entre la República Italiana y la República Federativa Socialista de Yugoslavia de 1975 (http://www.trattatodiosimo.it/trattato.htm).
Tratado Interamericano de Asistencia Reciproca de 1947 (http://www.oas.org/juridico/spanish/tratados/b-29.html).

Internet

Agenda 21 de 1992 (http://www.un.org/spanish/esa/sustdev/agenda21/agenda21toc.htm).
ANDALUZ VEGACENTENO, Horacio, "El derecho de la sucesión de Estados", *Revista Colombiana de Derecho Internacional*, núm. 9, Bogotá, mayo de 2007 (http://www.javeriana.edu.co/juridicas/pub_rev/documents/11_andaluz_000.pdf).
Asociación Regional de Empresas del Sector Petróleo, Gas y Biocombustibles en Latinoamérica y el Caribe (Arpel), 2014 (https://www.arpel.org/vision-and-mision/).
BARRERA GRAF, Jorge, *Derecho mercantil internacional*, Conferencia leída en el Seminario de la Asociación Nacional de Abogados de Empresa, México, 1984 (http://biblio.juridicas.unam.mx/libros/5/2105/3.pdf).
BUSH, George, "Discurso ante la 57 Asamblea General de Naciones Unidas", en *El País*, Sección Internacional, 2002 (http://internacional.elpais.com/internacional/2002/09/12/actualidad/1031781606_850215.html).
CALAZA-RAMUDO LÓPEZ, Sonia, *Cooperación jurídico internacional. Extradición y Euroorden*, 2014 (http://www.asser.nl/upload/eurowarrant-webroot/documents/cms_eaw_id703_1_Sonia%20Calaza.pdf).
CABALLERO OCHOA, José Luis, *La cláusula de interpretación conforme y el principio pro persona (artículo 1 segundo párrafo, de la Constitución)*, México, IIJ, 2014 (http://biblio.juridicas.unam.mx/libros/7/3033/6.pdf).
Cámara de Diputados, LX Legislatura, Subdirección de Política Exterior, Servicios de Investigación y Análisis, *Las relaciones internacionales de las autoridades*

locales (actores subestatales en las relaciones internacionales), 2008 (http://www.diputados.gob.mx/cedia/sia/spe/SPE-ISS-06-08.pdf).

Cámara de Diputados, LIX Legislatura, "Dictamen de las Comisiones Unidas de Relaciones Exteriores y de Economía, con proyecto de Ley sobre la Aprobación de Tratados Internacionales en Materia Económica", *Gaceta Parlamentaria* número 1486-X, jueves 29 de abril de 2004 (http://gaceta.diputados.gob.mx/).

CARMONA TINOCO, Jorge Ulises, *La reforma y las normas de derechos humanos previstas en los tratados internacionales*, México, IIJ, 2014 (http://biblio.juridicas.unam.mx/libros/7/3033/4.pdf).

Catálogo de informes y resoluciones del Comité Jurídico Interamericano (1942-2013) (http://www.oas.org/es/sla/cji/docs/memoria_catalogo_informes_resoluciones_2013.pdf).

Comisión de Naciones Unidas para el Desarrollo Mercantil Internacional (CNUDMI), *Acerca de nosotros*, 2014 (http://www.uncitral.org/uncitral/es/about_us.html).

Comité de Arbitraje Badinter, *Una segunda respiración para la autodeterminación de los pueblos*, 2014 (http://ejil.oxfordjournals.org.es.mk.gd/content/3/1/178.full.pdf).

Comité de Sanciones del Consejo de Seguridad, 2014 (http://www.un.org/spanish/sc/committees/).

Comité Espacial de los 24, *Naciones Unidas y la descolonización, territorios no autónomos*, 2014 (http://www.un.org/es/decolonization/nonselfgovterritories.shtml).

DE LAS HERAS BORRERO, Francisco M., *El patriarcado ortodoxo de Constantinopla*, 2014 (http://docelinajes.blogspot.mx/2011/02/el-patriarcado-ortodoxo-de.html).

Defensor, Revista de Derechos Humanos, "Recomendaciones del EPU: desafíos para México", en enero de 2014 (http://dfensor.cdhdf.org.mx/DFensor_01_2014.pdf).

DREYZIN DE KLOR, Adriana, *La cooperación Jurídica internacional: instrumento imprescindible para la integración*, 1998 (http://biblio.juridicas.unam.mx/libros/6/2923/19.pdf).

DUGARD, John, *Séptimo informe sobre la protección diplomática*, Comisión de Derecho Internacional, ONU, 2006 (http://legal.un.org/ilc/documentation/english/a_cn4_567.pdf).

DUPUY, P. M., "Sur de maintien ou la disparation de l´ordre juridique international", citado por Arturo Santiago Pagliari, *Fragmentación del Derecho Internacional. Aplicaciones y efectos*, 2014 (http://www.oas.org/dil/esp/6%20-%20pagliari.127-184.pdf).

JALIFE-RAHME, Alfredo, La "financiarización del orden global por EU: Wall Street desplaza a la ONU", *La Jornada*, Bajo la lupa, 2015 (http://www.jornada.unam.mx/2015/02/18/opinion/018o1pol).

GUERISOLI, Emmanuel, *Evolución del concepto de legítima defensa*, Centro Argentino de Estudios Internacionales, 2014 (http://www.caei.com.ar/sites/default/files/19_6.pdf).

Guía de cooperación judicial, Ministerio de Relaciones Exteriores, Colombia, 2009 (http://es.calameo.com/read/0016235180a3ed3714ba4).

Guía de la CNUDMI, Datos básicos y funciones de la Comisión de Naciones Unidas para el derecho mercantil internacional de 2013 (http://www.uncitral.org/pdf/spanish/texts/general/12-57494-Guide-to-UNCITRAL-s.pdf).

GONZÁLEZ DE PAZOS, Margarita, *Los nuevos sujetos del derecho internacional* y la *crisis del Estado contemporáneo*, 2014 (http://www.azc.uam.mx/publicaciones/alegatos/pdfs/1/1-13.pdf).

HÄBERLE, Peter, *Derecho Constitucional Nacional, "Uniones de Estados" Regionales y el Derecho Internacional como derecho universal de la humanidad: convergencias y divergencias*, 2014 (http://biblio.juridicas.unam.mx/libros/4/1793/4.pdf).

MEJÍA QUINTANA, René David, *La protección consular*, 2014 (http://www.culturafronteriza.com/proteccion%20consular.htm).

Organización de Estados Americanos, *¿Quiénes somos?*, 2014 (http://www.oas.org/es/acerca/quienes_somos.asp).

Organización de las Naciones Unidas, *ABC de Naciones Unidas*, 2012 (https://unp.un.org/Details.aspx?pid=21382).

Organización de las Naciones Unidas, Consejo de Administración Fiduciaria, Situación actual, 2014 (http://www.un.org/es/mainbodies/trusteeship/).

Organización de las Naciones Unidas, Consejo de Seguridad, Comité contra el Terrorismo, 2014 (http://www.un.org/es/sc/ctc/resources/res-ga.html).

Organización de las Naciones Unidas, Consejo de Seguridad, Comité contra el Terrorismo, Resoluciones, 2014 (http://www.un.org/es/sc/ctc/resources/res-sc.html).

Organización de las Naciones Unidas, Derecho Mercantil Internacional, 2014 (http://www.cinu.org.mx/temas/Derint/dmi.htm).

Organización de las Naciones Unidas, Oficina del Alto Comisionado para los Derechos Humanos, 2014 (http://www.ohchr.org/SP/HRBodies/HRC/Pages/AboutCouncil.aspx).

Organización de las Naciones Unidas, Oficina del Alto Comisionado para los Derechos Humanos, EPU, 2014 (http://www.ohchr.org/EN/HRBodies/UPR/Pages/UPRMain.aspx).

Organización de las Naciones Unidas, Secretaría, Información General, 2014 (http://www.un.org/es/mainbodies/secretariat/).

Países que no han ratificado el C169.Convenio sobre pueblos indígenas y tribales de 1989 (http://www.ilo.org/dyn/normlex/es/f?p=NORMLEXPUB:11310:0:: NO:11310:P11310_INSTRUMENT_ID:312314:NO).

Proyecto de artículos sobre la responsabilidad de las organizaciones internacionales de 2011 (http://untreaty.un.org/ilc/reports/2011/All%20languages/A_66_10_S.pdf).

Proyecto de artículos sobre la responsabilidad del estado por hechos internacionalmente ilícitos de 2002 (http://www.uib.cat/depart/dpu/dip/pdf/dip0607/responsabilidad.pdf).

RODRÍGUEZ CEDEÑO, Víctor, *Segundo informe sobre los actos unilaterales del Estado*, UN. A/CN. 4/500, Comisión de Derecho Internacional-ONU, 2000 (http://daccess-dds-ny.un.org/doc/UNDOC/GEN/N99/105/32/PDF/N9910532.pdf?OpenElement).

RODRÍGUEZ, Graciela, *Reforma DH, Bloque de constitucionalidad*, 2013 (http://www2.scjn.gob.mx/red/coordinacion/Bloque%20de%20constitucionalidad.pdf).

Secretaría de Relaciones Exteriores. *Guía para la conclusión de tratados y acuerdos interinstitucionales en el ámbito internacional según la Ley sobre la Celebración de Tratados*, 2014 (http://www.sre.gob.mx/tratados/guia.pdf).

TAPIA PÉREZ, Homero, *Resoluciones de Organismos Internacionales*, Universidad de las Américas Puebla, 2006 (http://catarina.udlap.mx/u_dl_a/tales/documentos/ledi/tapia_p_h/capitulo5.pdf).

The World Factbook. Agencia Central de Inteligencia, EUA. Países por producción de petróleo, 2014 (http://es.wikipedia.org/wiki/Anexo:Pa%C3%ADses_por_producci%C3%B3n_de_petr%C3%B3leo).

TORRES CEVALLOS, Bolívar, *El Derecho Internacional Público frente al delito de terrorismo*, 2014 (http://www.afese.com/img/revistas/revista47/delitoterror.pdf).

United Nations, International Law Commission. *Report on the work of its fifty-sixth session* (3 May to 4 june and 5 to 6 august 2004) General Assembly, Official records Fifty-ninth Session, Supplement No. 10 (A/59/10) (http://daccess-dds-ny.un.org/doc/UNDOC/GEN/N04/512/80/PDF/N0451280.pdf?OpenElement).

VELÁZQUEZ ELIZARRARÁS, Juan Carlos, *El nuevo Derecho Internacional de la Energía a través del estudio de sus fuentes y el ordenamiento del Mercado Mundial del Petróleo en un contexto geopolítico-especulativo*, 2008 (http://biblio.juridicas.unam.mx/revista/pdf/DerechoInternacional/9/cmt/cmt21.pdf).

WEISE, Mathias, *Henri Dunant*, 2014 (http://loffit.abc.es/2014/05/08/henri-dunant/145114).

Índice

Derecho internacional contemporáneo se terminó en la Ciudad
de México durante el mes de agosto del año 2015. La edición
impresa sobre papel de fabricación ecológica con *bulk*
a 80 gramos, estuvo al cuidado de la
oficina litotipográfica de la
casa editora.

ISBN 978-607-401-973-5